I0190081

En route !

Série : Camarades de différentes religions

BREAKWATER
100, rue Water
C. P. 2188
St. John's, Terre-Neuve-et-Labrador
A1C 6E6

Rédaction : Catherine Hicks (Maggs)

Auteur : Dr. Michael Newton

Consultation pédagogique : Dr. Wynanne Downer, Dr. Ed Jones

Illustrations : Shawn O'Hagan

Traduction : Dr Anne Thareau et Dr Scott Jamieson
Adaptation et révision : Programmes de langues Ministère de l'Éducation

Breakwater Books Ltd remercie le groupe de travail sur l'enseignement religieux au niveau élémentaire du Ministère de l'Éducation pour sa contribution à ce projet.

Tous les textes de la Bible sont extraits de la Bible en français courant, Société biblique canadienne, 1997.

Données de catalogage avant publication (Canada)
Camarades de différentes religions

Newton, Michael, 1944-
En route ! / Michael Newton.

Pour les élèves de quatrième année.
ISBN 1-55081-185-1

1. Religions - Littérature jeunesse. I. Titre.
BL92.N48 2002 291 C2002-905587-3

Copyright © 2002 Breakwater Books Ltd.

TOUS DROITS RÉSERVÉS. Toute reproduction, en tout ou en partie, sous quelque forme et par quelque procédé que ce soit : graphique, électronique ou mécanique, est interdite sans l'autorisation écrite préalable de l'Éditeur. Toute requête d'autorisation de reproduction (photographiques, sonores, magnétiques ou électroniques) devra se faire par écrit à : Canadian Reprography Collective, 6 Adelaide Street East, Suite 900, Toronto, Ontario, M5C 1H6. Ces règlements s'appliquent aussi aux écoles.

Canada

Nous remercions le Gouvernement du Canada pour son soutien par le biais du Programme d'aide au développement de l'industrie de l'édition (PADIÉ).

Imprimé au Canada.

En route !

Table des matières

Avertissement

Dans ce manuel, le masculin est utilisé comme représentant des deux sexes, sans discrimination à l'égard des hommes et des femmes et dans le seul but d'alléger le texte.

Océan Arctique

Groenland

Islande

États-Unis

Canada

Amérique du Nord

St. Anthony
Corner Brook
St. John's

Toronto

États-Unis

Océan Atlantique

Mexique

Afriqu

Amérique du Sud

Océan Pacifique

Le monde

Océan Arctique

Europe

Asie

Israël Nazareth
Jérusalem
Bethléem

Égypte

.-La Mecque

Inde

Chine

Océan Pacifique

Pakistan

Océan Indien

Australie

⬛ Amérique du Nord		⬛ Afrique	
⬛ Amérique du Sud		⬛ Asie	
⬛ Europe		⬛ Australie	

Les débuts

Première partie

Un nouveau voyage

En bref

C'est la fin de l'été. Daniel Pellerin commence un nouveau genre de voyage.

Daniel roulait à vélo en direction du phare, à la sortie de St. Anthony où il habitait. Il adorait regarder les baleines qui s'amusaient parfois le long de la côte derrière le phare. Quand il s'est arrêté au carrefour près de l'hôpital, un autre garçon en vélo est venu le rejoindre.

« Bonjour, a dit Daniel. Où vas-tu ? »

« Je ne sais pas vraiment, a répondu le garçon d'un air triste. Je me promène. »

« Tu n'es pas d'ici, n'est-ce pas ? » a demandé Daniel.

Le garçon a fait non de la tête. « Ma famille vient d'arriver de Toronto. »

« Ah oui, j'ai un oncle à Toronto. C'est une grande ville, n'est-ce pas ? »

« C'est plus grand qu'ici, ça c'est sûr. C'est plutôt petit ici. »

« Ce n'est pas si petit que ça, a répondu Daniel. Je pourrais te faire visiter. Tu arrives à rouler dans les montées ? Ça grimpe beaucoup là où je vais. Veux-tu venir avec moi ? »

« Bien sûr », a répondu le nouveau garçon.

Daniel lui a dit son nom. « Et toi, comment t'appelles-tu ? » a-t-il demandé.

« Seth. »

Les garçons sont partis ensemble. Ils ont eu de la difficulté à monter la côte abrupte qui mène vers le phare dans l'entrée du port de St. Anthony. Là, ils se sont arrêtés pour reprendre leur souffle et regarder l'océan qui s'étendait devant eux.

« Oh ! s'est exclamé Seth, c'est énorme ! »

« Regarde bien, a dit Daniel. On apercevra peut-être des baleines. »

« Vraiment ? Seth a ouvert les yeux très grands. Ce serait incroyable ! »

En surveillant la surface de l'eau, Seth a pensé au commentaire de son père. Il avait dit que ce serait passionnant de vivre dans un endroit aussi proche de la mer. Tout à coup, Seth a entendu Daniel qui lui parlait.

« Dans quelle classe es-tu ? » a demandé Daniel.

« J'entre en quatrième année », a répondu Seth.

« Moi aussi », a dit Daniel.

« Quand ma mère m'a inscrit, le directeur lui a dit que je serai dans la classe de M. Poirier. »

Daniel souriait. « On sera au moins deux ! » a-t-il dit.

« Il n'y a qu'une seule école élémentaire ici, n'est-ce pas ? À Toronto, il y a beaucoup d'écoles. Moi, je suis allé dans une école hébraïque », a dit Seth.

« C'est quel genre d'école ? »

On voit souvent des baleines à bosse le long des côtes de Terre-Neuve-et-Labrador.

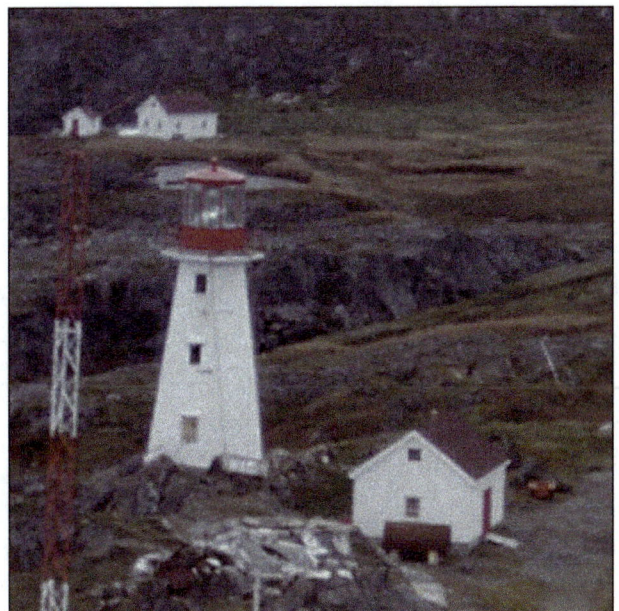

Le phare du cap Bauld, près de St. Anthony

« C'est une école pour les enfants juifs. »

« Alors, tu es juif ? » a demandé Daniel.

« Oui, a répondu Seth. Je parie qu'il n'y a pas beaucoup de juifs à St. Anthony ! »

« Je ne crois pas », a répondu Daniel. Seth a eu l'air un peu déçu.

« Mais, a dit Daniel, tu pourras nous parler de ta religion. Mon ami Marc était dans la classe de M. Poirier l'an dernier. Il a dit qu'il avait fait des choses très intéressantes dans la classe d'enseignement religieux. Il y a une nouvelle fille aussi.

Elle s'appelle Tahira et elle vient du Pakistan. Quelqu'un a dit que sa famille est musulmane. J'imagine qu'ils vont trouver ça très différent ici. »

Les garçons ont passé l'après-midi à explorer les rochers près du phare. Il n'y avait pas de baleines mais ça n'a pas dérangé Seth. Son père avait raison, c'était excitant de vivre près de la mer. Et en plus, il s'était déjà fait un bon ami.

Quelques jours plus tard, Daniel était assis à table avec sa famille pour déjeuner. La famille Pellerin est chrétienne. Ils

Terre-Neuve-et-Labrador

Océan Atlantique

Québec

Labrador

Wabush
Labrador City
Happy Valley-Goose Bay

St. Anthony

Terre-Neuve

Corner Brook • Gander

Québec

Channel-Port aux Basques

St. John's

Nouveau-Brunswick
Île-du-Prince-Édouard

États-Unis

Nouvelle-Écosse

➡ **Que sais-tu de St. Anthony ? Combien de temps mettrais-tu pour y aller par la route ?**

commencent la journée avec une **méditation**. Juste avant le déjeuner, ils disent une prière, quelqu'un lit un court passage de la Bible, puis ils parlent de ce passage.

Monsieur Pellerin a commencé par une prière.

« Nous voulons te rendre grâce Seigneur, pour cette nouvelle journée et nous te demandons d'accompagner Daniel qui commence son nouveau voyage. »

C'était le jour de la rentrée des classes. Daniel avait des difficultés à se concentrer en lisant un passage de l'Évangile selon Jean.

Madame Pellerin a parlé à la fin de la lecture. « Les chrétiens suivent Jésus car il nous transmet le message que Dieu nous aime. Nous croyons que la lumière de Dieu nous suit partout où nous allons. »

Monsieur Pellerin s'est tourné vers Daniel. « Tu commences une nouvelle année scolaire aujourd'hui, Daniel. D'une certaine façon, c'est comme un voyage, n'est-ce pas ? »

« Oui, sans doute », a dit Daniel.

Écriture sainte
Nouveau Testament

Jésus adressa de nouveau la parole à la foule et dit : « Je suis la lumière du monde. Celui qui me suit aura la lumière de la vie et ne marchera plus jamais dans l'obscurité. »

Jean 8. 12

La lumière du monde, 1851-1853, Holman Hunt

➡ **Comment l'artiste montre-t-il que Jésus est « la lumière du monde »?**

Une méditation

Un moment de réflexion sur la foi et les croyances. Il y a souvent une lecture sainte et une prière.

La résurrection
(ré zu rèk sion)

Le mot résurrection veut dire revenir à la vie après la mort ou se relever d'entre les morts. Ici, on fait référence à la croyance chrétienne qui dit que Jésus est revenu à la vie et a été vu par ses disciples après sa mort.

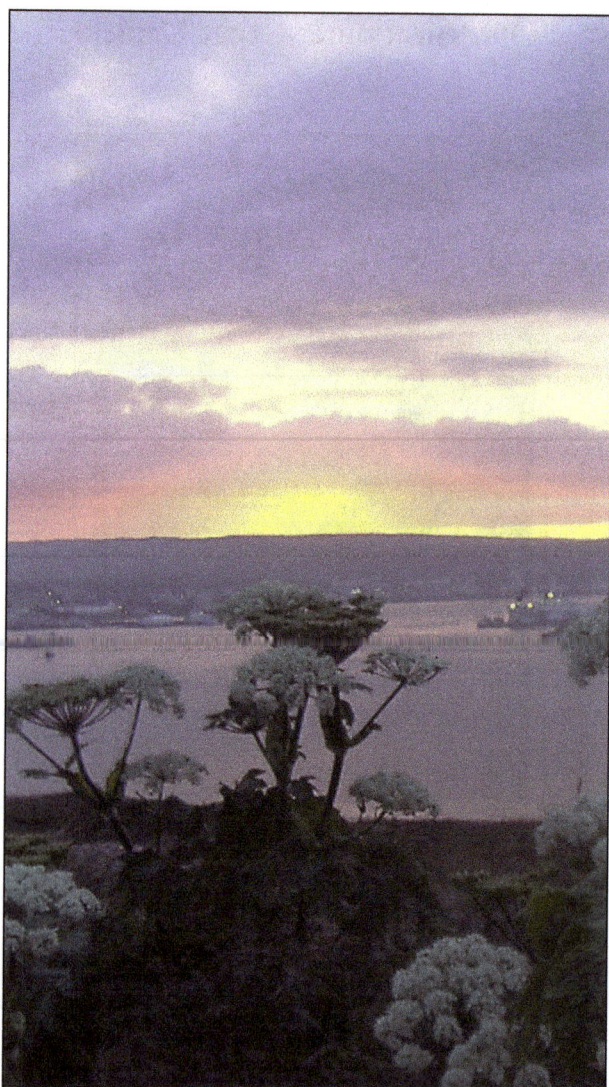

Le lever du soleil à St. Anthony

➡ **Pourquoi le lever du soleil est-il un renouveau ?**

« Tu auras un nouvel enseignant, a poursuivi son père. Tu te feras de nouveaux camarades. Je crois que tu es prêt pour ce voyage. Regarde comme tu as grandi pendant l'été. »

Daniel s'est redressé sur sa chaise.

« Tu grandiras d'une autre façon aussi », a dit M. Pellerin.

Daniel avait l'air surpris.

« Tu vas grandir sur le plan spirituel. Nos vies ressemblent à des voyages, a dit son père. En tant que chrétiens, nous croyons que la lumière de Jésus va nous montrer le chemin tout au long de notre vie. La Bible nous raconte les enseignements de Jésus. Quand nous commençons ce voyage et suivons les enseignements de Jésus, nous grandissons sur le plan spirituel. »

Daniel écoutait tout en croquant ses céréales.

« Cette année, a poursuivi son père, tu en apprendras plus au sujet de la vie de Jésus et ce que veut dire être chrétien. Tu en sais déjà beaucoup sur la vie de Jésus. Tu sais comment il est né. Tu connais certains des miracles qu'il a accomplis et les gens qui le suivaient. »

« Tu veux dire ses disciples », a dit Daniel.

Son père a souri. « Je vois que tu apprends beaucoup pendant nos méditations familiales et tes leçons à l'église. Tu en apprendras encore plus au sujet de Jésus à l'école et c'est important. Nous croyons qu'il est le fils de Dieu, et que grâce à sa mort et à sa **résurrection**, nous sommes sauvés et nous avons la promesse de la vie éternelle.

Daniel n'avait pas l'air de comprendre.

« Ne t'inquiète pas, a dit sa mère, tout ceci deviendra plus clair si tu fais attention à la maison, à l'église et à l'école. Je sais que Monsieur Poirier parlera du christianisme et des autres religions aussi. Tu en apprendras plus au sujet du monde et des merveilles de la création de Dieu. »

« Et ce n'est pas tout, a ajouté son père. Pense au plaisir que tu auras à travailler et à jouer avec d'autres garçons et filles. Tu apprendras à montrer à tes amis que tu les aimes bien et que tu respectes leurs sentiments et leurs opinions. Tu apprendras beaucoup de tes enseignants et dans tes livres, mais tu apprendras grâce à tes expériences aussi. »

« Tout ça t'aidera à comprendre ce que c'est d'être chrétien. C'est ça que nous voulons dire quand nous te parlons de grandir sur le plan spirituel », a dit Mme Pellerin pour finir.

« Ça me donne envie d'être à nouveau à l'école », a dit son père.

« Peut-être que tu voudras faire mes devoirs », a dit Daniel en riant.

Daniel a souri jusqu'à la fin du déjeuner. Il n'était pas sûr d'avoir compris tout ce que ses parents avaient dit mais il était trop impatient pour poser d'autres questions. Il avait hâte d'être à l'école. L'idée qui lui plaisait le plus c'était qu'il y aurait de nouvelles personnes dans la classe. Ce serait une année intéressante. ❖

St. Anthony vers les années 1940 par l'artiste anglaise, Rhoda Dawson, qui a travaillé à la mission Grenfell à St. Anthony

FAITH HOPE AND LOVE ABIDE
BUT THE GREATEST OF THESE IS LOVE

Ce vieux bâtiment existe toujours à St. Anthony. C'était un hôpital établi par Sir Wilfred Grenfell. La citation sur la façade vient du Nouveau Testament dans le premier livre des Corinthiens 13. 13 : « Maintenant, ces trois choses demeurent : la foi, l'espérance et l'amour ; mais la plus grande des trois est l'amour. » Qu'est-ce que ça veut dire, selon toi ?

Parlons-en

❑ Y a-t-il de nouveaux garçons et filles dans ton école cette année ? Que peux-tu faire pour les aider à se sentir bien accueillis ?

❑ Les parents de Daniel lui disent qu'il va faire des expériences qui vont l'aider à grandir sur le plan spirituel. Qu'est-ce que ça veut dire ? Quelles expériences peuvent aider quelqu'un à grandir sur le plan spirituel ?

❑ Quelle est cette nouvelle sorte de voyage que Daniel va commencer ? Penses-tu que tu vas faire un voyage semblable cette année ?

Allons plus loin

❑ Cherche tout ce que tu peux trouver sur la ville de St. Anthony.

- Où se trouve St. Anthony sur la carte de Terre-Neuve-et-Labrador ?

- Quelle est sa population ?

- Quel genre de travail les gens y font-ils ?

- Y a-t-il des activités spécifiques à St. Anthony ?

- Trouve des informations sur le Docteur Grenfell qui a travaillé à St. Anthony et au Labrador.

La chute de Seth

En bref   Seth découvre l'amitié et la compassion.

Seth essayait de ne pas pleurer. Tout s'était passé si vite. Il était heureux de sa première journée dans sa nouvelle école, car il faisait la connaissance de ses nouveaux camarades de classe et ses enseignants. Mais pendant la récréation, deux garçons de sixième année l'avaient poussé et il était tombé sur le gravier. Il était allongé par terre et son bras saignait. Presque immédiatement, trois de ses camarades de classe, Daniel, Lisa et Tahira se sont empressés de venir l'aider.

« Qu'est-ce qui s'est passé ? Es-tu blessé ? » lui a demandé Daniel.

Tahira et Lisa ont aidé Seth à se relever doucement en essayant de ne pas toucher son bras. Leur enseignant, M. Poirier, regardait tandis qu'elles aidaient Seth.

« Vous avez été de bons Samaritains », a-t-il dit en mettant un pansement sur le bras de Seth.

Seth avait rencontré Lisa et Daniel avant la rentrée, mais il n'avait jamais parlé à Tahira. Elle avait l'air timide. Seth était heureux d'avoir retenu ses larmes. Il était aussi soulagé car ses camarades de classe l'avaient aidé à rentrer avant qu'une foule d'enfants se rassemble autour de lui.

Quand il est rentré manger à la maison ce jour-là, sa mère lui a demandé : « Qu'as-tu au bras ? »

Seth lui a raconté ce qui s'était passé et a ajouté : « La nouvelle, Tahira, est venue m'aider et elle ne me connaît même pas. »

« Bien sûr, lui a répondu sa mère. Et, c'est ce que nous devrions tous faire quand quelqu'un a besoin de notre aide. »

Cet après-midi-là, en enseignement religieux, M. Poirier a décidé de partager la parabole du bon Samaritain avec ses élèves.

« La plupart de vous savez que Jésus utilisait des histoires qu'on appelle des paraboles pour aider les gens à comprendre son message, a-t-il dit au début.

Aujourd'hui, je veux vous lire une de ces histoires, La parabole du bon Samaritain. »

La classe a écouté M. Poirier lire la parabole.

❖ ❖ ❖

Un lévite

Un lévite était un prêtre juif qui officiait au temple de Jérusalem.

Écriture sainte
Nouveau Testament

La parabole du bon Samaritain

*U*n maître de la loi intervint alors. Pour tendre un piège à Jésus, il lui demanda : « Maître, que dois-je faire pour recevoir la vie éternelle ? » Jésus lui dit : « Qu'est-il écrit dans notre loi ? Qu'est-ce que tu y lis ? » L'homme répondit : « "Tu dois aimer le Seigneur ton Dieu de tout ton coeur, de toute ton âme, de toute ta force et de toute ton intelligence." Et aussi : "Tu dois aimer ton prochain comme toi-même." » Jésus lui dit alors : « Tu as bien répondu. Fais cela et tu vivras. » Mais le maître de la loi voulait justifier sa question. Il demanda donc à Jésus : « Qui est mon prochain ? » Jésus répondit : « Un homme descendait de Jérusalem à Jéricho, lorsque des brigands l'attaquèrent et lui prirent ce qu'il avait, le battirent et s'en allèrent en le laissant à demi-mort. Il se trouva qu'un prêtre descendait cette route. Quand il vit l'homme, il passa de l'autre côté de la route et s'éloigna. De même, un **lévite** arriva à cet endroit, il vit l'homme, passa de l'autre côté de la route et s'éloigna. Mais un Samaritain, qui voyageait par là, arriva près du blessé. Quand il le vit, il en eut profondément pitié. Il s'en approcha encore plus, versa de l'huile et du vin sur ses blessures et les recouvrit de pansements. Puis il le plaça sur sa propre bête et le mena dans un hôtel, où il prit soin de lui. Le lendemain, il sortit deux pièces d'argent, les donna à l'hôtelier et lui dit : "Prends soin de cet homme ; lorsque je repasserai par ici, je te paierai moi-même ce que tu auras dépensé en plus pour lui." »

Jésus ajouta : « Lequel de ces trois te semble avoir été le prochain de l'homme attaqué par les brigands ? » Le maître de la loi répondit : « Celui qui a été bon pour lui. » Jésus lui dit alors : « Va et fais de même. »

Luc 10. 25-37

À la fin, il a dit : « Jésus a utilisé cette histoire pour enseigner plusieurs choses. Une d'entre elles, c'est la compassion. De nos jours, nous disons souvent que les gens qui font ce qu'ils peuvent pour aider quelqu'un en difficulté sont de "bons Samaritains". Qu'est-ce que Jésus nous enseignait d'autre ? »

« Je pense qu'il voulait nous enseigner qui est notre voisin », a dit Lisa.

« C'est ça, Lisa. Et comment est-ce que cette parabole nous enseigne qui est notre voisin ? » a demandé M. Poirier.

« Est-ce qu'il disait que notre voisin c'est quelqu'un qui a besoin de notre aide ? » a demandé Seth.

« Excellente réponse, Seth ! Nous en avons eu un bon exemple aujourd'hui quand tu avais besoin d'aide, n'est-ce pas ?

Il y a une autre façon de comprendre ça - aime ton voisin comme toi-même. »

« Est-ce que ça veut dire que nous devrions traiter les autres comme on voudrait qu'ils nous traitent ? » a demandé Dorothée.

« Bien sûr que oui, a dit M. Poirier. C'est tout pour aujourd'hui mais je vois que nous allons avoir de bonnes discussions cette année. Pendant notre prochaine classe d'enseignement religieux, nous allons reparler de Jésus et des événements importants dans sa vie. » ❖

Le bon Samaritain, 1890, Vincent van Gogh

➡️ **Regarde attentivement cette peinture. Comment est-ce que l'artiste raconte l'histoire du bon Samaritain ?**

Une petite fille aide son frère à lacer ses chaussures.

Parlons-en

❑ Raconte comment tu as déjà été heureux parce qu'une personne t'a aidé.

❑ Pourquoi est-ce que Seth a été surpris que Tahira l'aide ?

❑ Qu'est-ce qu'on devrait faire quand quelqu'un est en difficulté ?

❑ Qu'est-ce que Seth a appris au sujet de l'amitié et de la compassion grâce à cette expérience ?

Réflexion

❑ Il est parfois difficile de savoir si nous devrions proposer notre aide. Est-ce que l'histoire du bon Samaritain t'a aidé à savoir quand il faut proposer ton aide aux autres ?

Qui est Jésus ?

En bref Les élèves de M. Poirier découvrent la vie et les enseignements de Jésus.

Quand M. Poirier a retrouvé sa classe, il s'est assis sur le bord de son bureau.

« Qui est Jésus ? a-t-il commencé. Que sait-on de lui exactement ? »

« Jésus a vécu il y a si longtemps, a dit Lisa. Comment pouvons-nous savoir des choses sur sa vie ? »

M. Poirier a continué : « Ce que nous savons au sujet de Jésus vient des **Évangiles**, les quatre livres de la Bible qui marquent le début du **Nouveau Testament**. Ils nous disent que Jésus est né à Bethléem de Joseph et Marie. Il a grandi dans la petite ville de Nazareth en Galilée.

« On ne sait pas grand-chose au sujet de sa jeunesse, malheureusement. Mais nous savons qu'un peu avant l'âge de trente ans, il a rencontré un homme qui s'appelait Jean-Baptiste qui l'a baptisé. Après ça, Jésus a commencé à attirer ses propres fidèles. »

« Vous voulez dire ses disciples, Monsieur ? » a demandé Daniel.

◆ ◆ ◆

Les Évangiles
Les quatre premiers livres du Nouveau Testament, selon Matthieu, Marc, Luc et Jean

Le Nouveau Testament
Le Nouveau Testament est la deuxième partie de la Bible des chrétiens.

M. Poirier a fait signe que oui. « Beaucoup venaient de Galilée. Certains étaient pêcheurs. »

« Comme des gens qui vivent à St. Anthony, Monsieur. »

« Très bien, Daniel. Les chrétiens croient que Jésus avait un message, a continué M. Poirier, qu'il comprenait mieux ce que Dieu voulait pour les gens. Comme nous le savons déjà, Jésus a expliqué son message en racontant des histoires que l'on appelle des paraboles. Il a aussi prêché un sermon, "Le sermon sur la montagne", pour raconter à ses disciples comment Dieu voulait qu'ils se comportent. Par exemple, il a dit aux gens d'aimer leurs ennemis et de pardonner à ceux qui leur font du mal. »

« C'est difficile à faire, parfois », a chuchoté Lisa à son amie Dorothée.

La mer de Galilée

« Il leur a aussi appris une prière que les chrétiens appellent le Notre Père. Je l'ai écrite ici comme elle est dans l'Évangile selon Matthieu. » M. Poirier a montré le tableau du doigt.

Écriture sainte
Nouveau Testament

« ... Voici comment vous devez prier : "Notre Père qui es dans les cieux, que chacun reconnaisse que tu es le Dieu saint, que ton Règne vienne ; que chacun, sur la terre, fasse ta volonté comme elle est faite dans le ciel. Donne-nous aujourd'hui le pain nécessaire. Pardonne-nous nos torts, comme nous pardonnons nous aussi à ceux qui nous ont fait du tort. Et ne nous expose pas à la tentation, mais délivre-nous du Mauvais. [Car c'est à toi qu'appartiennent le règne, la puissance et la gloire, pour toujours. Amen.]"

« En effet, si vous pardonnez aux autres le mal qu'ils vous ont fait, votre Père qui est au ciel vous pardonnera aussi. Mais si vous ne pardonnez pas aux autres, votre Père ne vous pardonnera pas non plus le mal que vous avez fait. »

Matthieu 6. 9-15

« Le Nouveau Testament raconte que Jésus a voyagé de village en village, en enseignant la parole de Dieu aux gens. Plusieurs histoires dans les Évangiles racontent les miracles de Jésus qui guérissait les malades. Une histoire raconte comment il a permis à un homme aux jambes paralysées de se lever et de marcher. Jésus s'occupait de ceux qui étaient malades, pauvres et handicapés, ceux que beaucoup de gens n'aimaient pas ou ne respectaient pas.

« Une année, Jésus est allé à Jérusalem avec ses disciples pour célébrer la **Pâque**. »

Seth a levé la main. « Nous célébrons la Pâque tous les ans, a-t-il dit. Est-ce que ça veut dire que Jésus était juif comme moi et ma famille ? »

« C'est exact, Seth, a répondu M. Poirier. Nous te demanderons un jour de nous raconter comment tu célèbres la Pâque.

« Quand il était à Jérusalem, Jésus est allé au Temple et a dérangé l'ordre », a continué M. Poirier.

« Pourquoi a-t-il fait ça ? » a demandé Lisa.

« Je crois qu'il pensait qu'il y avait une meilleure façon de vénérer Dieu. De toute façon, il a agacé les responsables du Temple. Ils l'ont dénoncé aux Romains qui dirigeaient Jérusalem à ce moment-là. Les Romains ont considéré Jésus comme un agitateur. Ils voulaient éviter des ennuis dans la ville, surtout quand il y avait autant de gens dans la ville pour la Pâque. Ils ont décidé d'arrêter Jésus.

La Pâque

C'est une fête juive qui célèbre l'époque où les Israélites ont fui l'Égypte. Cette fuite est appelée l'Exode. À l'époque de Jésus, les juifs allaient à Jérusalem pour la fête.

Jérusalem

« On dirait que Jésus savait qu'il serait capturé par les Romains et qu'il ne vivrait pas longtemps. Il a rencontré ses disciples pour un repas de la Pâque. Pendant ce repas, il leur a dit qu'à l'avenir, ils se souviendraient de lui à chaque fois qu'ils partageraient du pain et du vin. »

« Est-ce que c'est comme la communion que nous avons dans notre église ? » a demandé Lisa.

M. Poirier a fait oui de la tête. « C'est ça, Lisa. »

Il a continué : « Plus tard, les Romains sont venus et ont arrêté Jésus. Ils l'ont emmené chez leur chef, Ponce Pilate, et il a été condamné à mort. Il a été cloué sur une croix. C'est ce que les Romains faisaient aux criminels qu'ils condamnaient.

« Jésus est mort et on l'a enterré tout de suite après. Le troisième jour après sa mort, c'est ce qu'on lit dans l'Évangile, des femmes sont allées sur la tombe où le corps de Jésus reposait. Elles ont vu qu'elle était vide. La nouvelle s'est répandue, et en peu de temps les femmes et les disciples ont fini par croire que Jésus était ressuscité des morts. Les chrétiens appellent ça la résurrection de Jésus qui est célébrée chaque année. Connais-tu le nom de cette célébration ? »

Beaucoup d'élèves savaient la réponse. « Pâques », ont-ils répondu.

La Cène, vers 1600, Philippe de Champaigne

« Bien ! a dit M. Poirier. Il y a encore beaucoup de choses à apprendre au sujet de ce que Jésus a dit et enseigné. Je vous ai raconté l'essentiel de l'histoire de sa vie comme nous la connaissons. C'est une histoire qui a traversé les âges et a façonné la religion de beaucoup de gens partout dans le monde. Les chrétiens croient que Dieu est révélé à travers Jésus. Ils l'appellent Jésus-Christ ou le fils de Dieu. »

La classe avait beaucoup de questions.

Seth a demandé : « Quel âge avait Jésus quand il est mort ? »

« Jésus était encore jeune quand il a été arrêté et crucifié. Il avait environ trente-trois ans. »

« Qu'est-ce que Jésus voulait dire quand il a dit de pardonner à ceux qui nous ont fait du mal ? » a demandé Dorothée.

« C'est une question très importante, a dit leur enseignant. Ce n'est jamais facile de pardonner à ceux qui nous ont fait du mal. Mais Jésus nous a appris que même si les gens vous traitent très mal, il faut trouver le moyen de leur pardonner. C'est un enseignement de base de Jésus et du christianisme.

« Vous avez posé de très bonnes questions. Ne vous inquiétez pas si vous n'avez pas compris tout ce que nous avons dit aujourd'hui. Nous reviendrons sur beaucoup de ces idées et nous en parlerons plus en détail. Nous passerons toute l'année ensemble et je peux déjà vous dire que ça va vraiment me plaire », a dit M. Poirier pour terminer. ❖

La guérison de l'aveugle, 1308-1311, Duccio di Buoninsegna

Le Christ ressucité et les saintes femmes au tombeau,
1440-1441, Fra Angelico

Parlons-en

❑ Quel est le message de Jésus au sujet du pardon ? Penses-tu que nous devrions pardonner à ceux qui nous ont fait du mal ?

❑ Qu'as-tu appris au sujet de la vie de Jésus en lisant cette histoire ?

Activité créatrice

❑ M. Poirier raconte l'histoire de la vie de Jésus. Beaucoup d'artistes ont été inspirés par la vie de Jésus. Regarde les reproductions de tableaux qui illustrent cette histoire. Fais un dessin pour illustrer un événement dans la vie de Jésus, par exemple, Jésus qui guérit des malades ou Jésus qui enseigne à ses disciples. Compose une légende pour décrire ce qui se passe dans ton dessin.

Les cinq piliers de l'islam

En bref   Tahira et sa mère parlent des croyances fondamentales de l'islam.

À son retour de l'école ce jour-là, Tahira a demandé à sa mère si elle connaissait quelque chose au sujet de Jésus.

« Mais oui, a répondu sa mère. Le **Coran**, notre livre saint, parle de Jésus. Les musulmans honorent et respectent Jésus. Nous croyons que c'était un prophète qui a appris aux siens à vénérer et à obéir au seul et vrai Dieu. »

Elle a rappelé à Tahira que pour les musulmans, Allah est le nom du seul et unique Dieu. Il est le créateur de tous les êtres humains et le Dieu de tous les humains. Les musulmans vénèrent Allah, mettent leur confiance en lui et recherchent son aide et ses conseils.

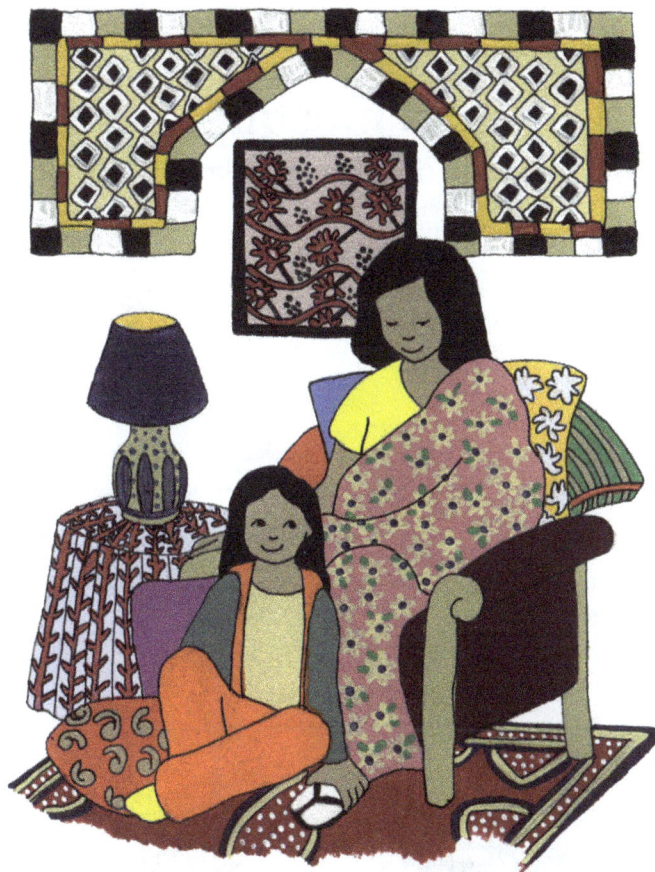

Tahira et sa mère, la Docteure Khan, sont des musulmanes du Pakistan. La Docteure Khan est venue à St. Anthony pour travailler à l'hôpital.

❖ ❖ ❖

Le Coran
(Ko ran)
Les écritures saintes musulmanes

La Docteure Khan a continué : « Les musulmans croient qu'il y a des centaines d'années, Allah a fait connaître son enseignement à Mahomet, un homme qui vivait dans la ville de La Mecque. Allah a choisi Mahomet pour délivrer son message.

❖ ❖ ❖

La soumission

Dans l'islam, la soumission veut dire s'offrir à Allah et dépendre de Allah pour toutes les choses de la vie.

Une mosquée

Lieu de culte musulman

Dessin d'une mosquée

Le message que Mahomet a reçu est écrit dans le Coran. Pour les musulmans, Mahomet est le plus important prophète ou messager de Dieu. Nous croyons qu'il n'y a pas d'autres messagers depuis Mahomet. »

La mère de Tahira a ensuite expliqué que le nom de leur religion, l'islam, veut dire **soumission** ou complète confiance en Allah. « L'islam enseigne qu'on peut seulement trouver la paix dans sa vie en se soumettant à Allah dans son cœur, dans son âme et dans ses actions », a-t-elle dit.

« Comment fait-on ça ? » a demandé Tahira.

« Eh bien, a répondu sa mère, nous avons les cinq piliers de l'islam pour nous guider. Tout comme les piliers en pierre soutiennent un bâtiment, les cinq piliers de l'islam soutiennent notre foi. »

Elle a rappelé à Tahira ce qu'ils étaient. « Premièrement, il y a la profession de foi, la *Shahâda*. Voilà ce que tous les musulmans croient. Avec tout leur cœur, ils disent : "Il n'y a qu'un seul Dieu, c'est Allah, et Mahomet est le prophète de Allah." »

« Deuxièmement, les musulmans prient cinq fois par jour en direction de la ville sainte de La Mecque. Ceux qui vivent dans des endroits où il n'y a pas de **mosquée**, prient à la maison.

« Le troisième pilier exige que les musulmans donnent aux pauvres. » Tahira savait que sa mère prenait sa foi au sérieux et était généreuse envers les œuvres de charité.

« Le jeûne est le quatrième pilier de la foi musulmane. Pendant le mois que l'on appelle le Ramadan, les adultes de la famille jeûnent. C'est-à-dire qu'ils ne mangent pas et ne boivent pas pendant la journée.

« Finalement, il y a le pèlerinage à La Mecque, le lieu de naissance de Mahomet. Ce pèlerinage s'appelle le Hajj. Ton oncle se prépare à faire ce voyage dans quelques mois. Tous les musulmans espèrent aller à La Mecque au moins une fois dans leur vie. »

Tahira se sentait fière en écoutant les explications de sa mère. Toute sa vie, elle avait entendu parler des piliers de l'islam, mais elle se rendait compte qu'elle comprenait mieux sa religion en grandissant. Elle voulait en savoir plus sur le christianisme aussi.

« Mon amie Lisa m'a invitée à aller à l'église avec elle dimanche prochain car il y aura une pièce de théâtre, a dit Tahira à sa mère. Est-ce que je peux y aller ? »

« Oui, a répondu la Docteure Khan. C'est toujours une bonne idée d'apprendre à connaître les autres religions. » ❖

L'intérieur de la mosquée de St. John's, Terre-Neuve-et-Labrador

Les cinq piliers de l'islam

La profession de foi

Les musulmans répètent : « Il n'y a qu'un seul Dieu, c'est Allah; et Mahomet est le prophète de Allah. »

La prière

Les musulmans prient cinq fois par jour : avant le lever du soleil, juste après midi, dans l'après-midi, après le coucher du soleil et avant de se coucher. De cette façon, ils reconnaissent que Dieu est le Seigneur de toute vie et est au cœur de leurs activités quotidiennes.

Le don aux pauvres

Les musulmans croient qu'ils doivent aider les pauvres et ceux qui sont dans le besoin.

Le jeûne

Durant le mois sacré du Ramadan, les musulmans adultes jeûnent. Ils ne boivent pas et ne mangent pas du lever au coucher du soleil. Ils croient que le jeûne enseigne le contrôle de soi.

Le pèlerinage

Tous les musulmans fidèles essaient d'aller à La Mecque au moins une fois dans leur vie.

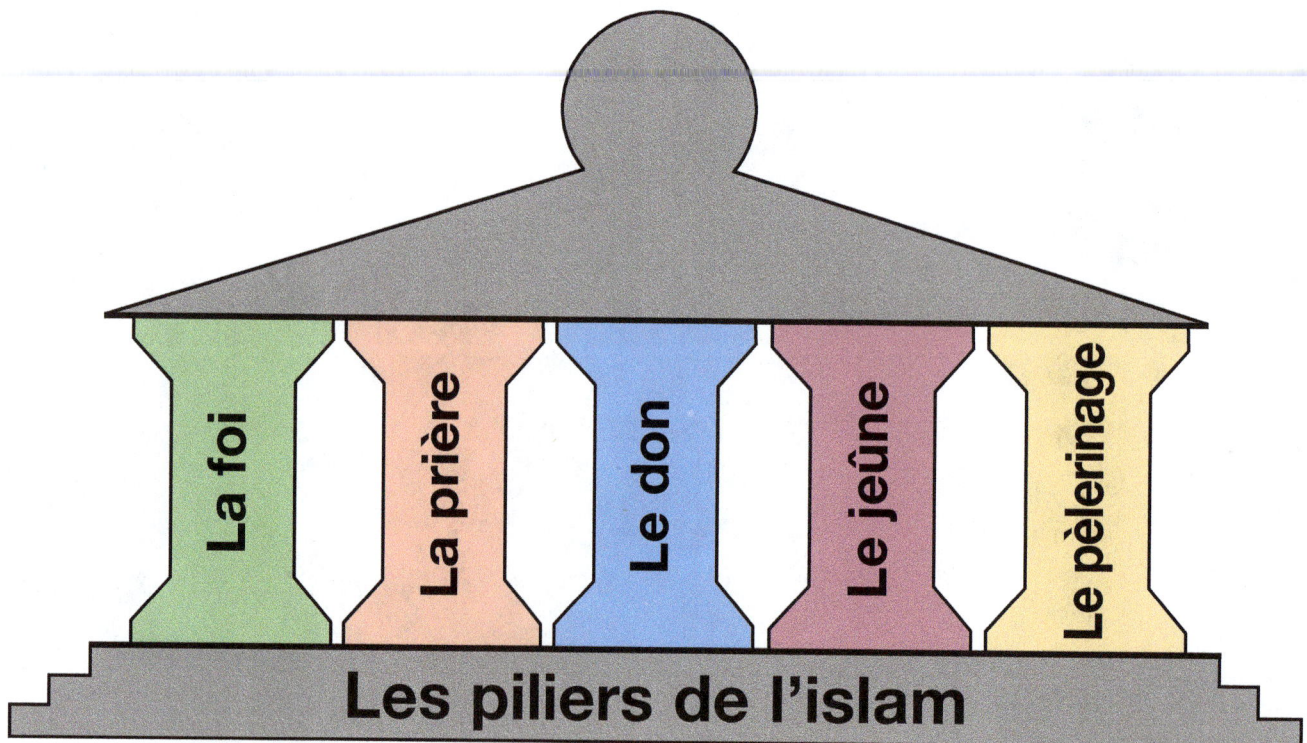

La foi | La prière | Le don | Le jeûne | Le pèlerinage

Les piliers de l'islam

La mosquée de St. John's, Terre-Neuve-et-Labrador

Parlons–en

❏ Qu'est-ce que tu as appris concernant les origines et les croyances fondamentales de l'islam ?

❏ Pourquoi est-ce que les musulmans prient cinq fois par jour ?

❏ Peux-tu expliquer le mot pilier ? À quoi sert un pilier dans un bâtiment ? D'après toi, pourquoi est-ce que les musulmans utilisent le mot pilier pour parler des pratiques de leur religion ?

Réflexion

❏ La Docteure Khan dit que c'est une bonne idée d'apprendre à connaître les autres religions. Es-tu d'accord ? Pourquoi ?

La naissance de l'église chrétienne

En bref

Tahira découvre les origines de l'église chrétienne.

C'était un dimanche matin. Il faisait beau mais frais. Depuis la rentrée des classes qui avait eu lieu quelques semaines plus tôt, Lisa et Tahira étaient devenues de bonnes amies. En bavardant, elles se dirigeaient à pied vers l'église que fréquentait la famille de Lisa. Elles entendaient le cri des mouettes tandis qu'un bateau de pêche déchargeait sa cargaison de poisson dans l'usine de l'autre côté du port. La légère brise qui venait de l'océan faisait frissonner Tahira. Elle était à St. Anthony depuis peu de temps et n'était pas habituée au froid.

À la porte de l'église, elles ont été accueillies par des personnes aux sourires chaleureux.

« Bonjour Lisa, je vois que tu as amené une amie. »

Lisa a présenté Tahira et tout le monde l'a bien accueillie. En entrant, les filles ont entendu quelqu'un jouer doucement du piano. Tahira a commencé à se détendre quand elles se sont assises sur le banc de bois à côté de la mère, du père et de la grand-mère de Lisa. Elle aimait regarder les rayons de soleil qui brillaient à travers les vitraux. Elle était contente que sa mère lui permette d'assister à une cérémonie à l'église de Lisa.

La musique s'est arrêtée. Tout le monde s'est levé pendant qu'un jeune garçon a commencé à jouer de la guitare. Lisa a pris une feuille de papier qu'elle a partagée avec Tahira. C'était les paroles de l'hymne que tout le monde s'est mis à chanter. L'église était remplie de voix joyeuses.

On souhaite la bienvenue à Lisa et Tahira à l'entrée de l'église.

Le Messie

Le mot Messie vient d'un mot hébreu. Un autre mot pour dire Messie est Christ. Beaucoup de juifs croient que Dieu leur envoie un Messie pour les sauver. Les chrétiens croient que Jésus de Nazareth est le Messie.

Shavouot
(sha vou o)

Cette célébration rappelle aux juifs quand Dieu a donné la Tora.

Sacré
Associé aux croyances religieuses

Pendant qu'on chantait, un groupe de jeunes s'est avancé vers l'avant de l'église. Lisa a donné un petit coup de coude à Tahira et lui a murmuré : « Tu as vu celui à gauche ? C'est mon frère, Mathieu. Il est en dixième année. Il m'a dit que la pièce parlait des débuts du christianisme. »

Quand la musique s'est arrêtée, une fille s'est avancée et a parlé.

« La pièce que nous allons vous présenter parle de la naissance de l'église chrétienne. Ces événements ont eu lieu à Jérusalem il y a plus de deux mille ans. À cette époque-là, certaines personnes croyaient que Jésus, un juif de Nazareth, était le **Messie**. Ils croyaient qu'il avait été spécialement choisi par Dieu pour apporter l'amour de Dieu à tous les habitants du monde entier. »

La jeune fille a reculé et la pièce a commencé.

Dans la pièce, c'était environ cinquante jours après la mort de Jésus. Les juifs célébraient la fête de *Shavouot*. C'est devenu la Pentecôte pour les chrétiens. Ceux qui pensaient que Jésus était le Messie et que Dieu l'avait ressucité d'entre les morts se sont retrouvés à Jérusalem. Ils ont senti la présence de l'esprit de Dieu. Cela les rendait très heureux et certains étaient vraiment émus. Ils pleuraient de joie et chantaient des chansons **sacrées**. Beaucoup pouvaient même parler des langues différentes. D'autres personnes pensaient que c'était étrange et se demandaient ce qui se passait.

À ce moment-là, le frère de Lisa, qui jouait le rôle du disciple Pierre, s'est avancé et a parlé : « L'Esprit saint de Dieu est apparu à ceux qui croyaient en Jésus. »

La narratrice s'est avancée de nouveau. « Les autres écoutaient Pierre et certains ont entendu son message. Ils acceptaient eux aussi ce que Dieu avait fait à travers Jésus. Ce jour-là, beaucoup se sont joints à ces chrétiens joyeux et ont été baptisés. Cet événement marque le début de l'église chrétienne. »

Écriture sainte
Nouveau Testament

Quand le jour de la Pentecôte arriva, les croyants étaient réunis tous ensemble au même endroit. Tout à coup, un bruit vint du ciel, comme si un vent violent se mettait à souffler, et il remplit toute la maison où ils étaient assis. Ils furent tous remplis du Saint-Esprit et se mirent à parler en d'autres langues, selon ce que l'Esprit leur donnait d'exprimer.

Actes 2. 1-2, 4

Écriture sainte
Nouveau Testament

Un grand nombre d'entre eux acceptèrent les paroles de Pierre et furent baptisés. Ce jour-là, environ trois mille personnes s'ajoutèrent au groupe des croyants.

Actes 2. 41

« As-tu aimé la pièce ? » a demandé Lisa à Tahira en sortant de l'église.

« Oui, a répondu Tahira, mais je n'ai pas tout compris. »

« Ne t'inquiète pas, lui a dit Lisa. N'oublie pas que M. Poirier a dit que nous parlerions des différentes religions en classe cette année. Ça inclut le christianisme ; alors je suis sûre que nous en apprendrons plus. »

« Oui, il a dit que nous parlerions du judaïsme et de l'islam, ma religion », a dit Tahira.

« Je ne savais pas qu'il y avait autant de religions », a dit Lisa.

« Oh, il y en a beaucoup plus que ça », a répondu Tahira à son amie. ❖

La venue de l'Esprit saint, 1997, Soichi Watanabe

Une église chrétienne à Terre-Neuve-et-Labrador

Parlons-en

❏ Qu'est-ce que cette histoire t'apprend sur ce que les chrétiens croient au sujet de la naissance de leur église ?

Allons plus loin

❏ L'histoire est intitulée « La naissance de l'église chrétienne ». Une naissance est généralement un moment heureux de célébration. Cite des choses que les membres de l'église chrétienne peuvent faire pour célébrer cet événement.

Célébrer et rendre grâce

En bref

Les gens de toutes les croyances religieuses célèbrent et rendent grâce.

Au début du mois d'octobre, la mère de Lisa lui a rappelé qu'ils célébreraient bientôt le Jour d'Action de grâce. « Aimerais-tu inviter tes nouveaux amis Tahira et Seth à partager ce repas avec nous ? » a-t-elle suggéré.

Tahira et Seth étaient ravis d'être invités chez Lisa pour le Jour d'Action de grâce.

Ce jour-là, la mère de Lisa a fait cuire une grosse dinde. Elle a aussi préparé un pot-au-feu avec du bœuf salé et des légumes. Sa grand-mère a préparé un dessert avec des bleuets que Lisa avait aidé à cueillir tout près des White Hills, à côté de St. Anthony.

Avant de manger, tout le monde s'est donné la main et le père de Lisa a dit une prière de remerciements pour tout ce qu'ils avaient. Il leur a rappelé que beaucoup de gens dans le monde n'avaient pas autant de chance qu'eux. Beaucoup de gens ne mangeraient pas à leur faim aujourd'hui.

Le pot-au-feu avait l'air délicieux mais Tahira était inquiète. « Est-ce que tu crois que c'est du porc ? » a-t-elle murmuré à Seth. Elle savait que sa religion lui interdisait de manger du porc.

« Je ne sais pas, a répondu Seth, mais si oui, je ne peux pas en manger. »

La mère de Lisa a remarqué leur inquiétude. « Quelque chose ne va pas ? » a-t-elle demandé.

« Nous ne pouvons pas manger de porc », a dit Tahira.

« Ne vous inquiétez pas, a répondu la mère de Lisa, c'est du bœuf. »

Lisa a été très surprise lorsque sa grand-mère lui a dit qu'elle ne célébrait pas le Jour d'Action de grâce quand elle était petite.

« Ce n'était pas une tradition à Terre-Neuve-et-Labrador à cette époque-là », a-t-elle dit.

« À Toronto, a dit Seth, on célébrait le Jour d'Action de grâce et aussi les fêtes juives qui ont lieu à l'automne. Ce sont Rosh Hashana et **Yom Kippour**. Dans quelques temps, ma famille célébrera d'autres fêtes juives aussi. »

Les règles alimentaires

Beaucoup de religions ont des règles qui indiquent :
- ce que l'on peut manger ;
- comment préparer les aliments ;
- les aliments qui peuvent être servis ensemble et ceux qui ne le peuvent pas.

Dans les religions juive et musulmane, il est interdit de manger du porc.

Yom Kippour
(yom ki pour)

Soukkot
(sou ko)

Hannoukka
(a nou ka)

Beaucoup de gens font pousser des légumes dans leurs jardins.

« Lesquelles ? » a demandé Lisa.

« Elles s'appellent **Soukkot** et **Hannoukka**. »

Tout le monde aimait le repas que la famille de Lisa avait préparé. La grand-mère de Lisa a fait remarquer que la plupart des légumes qu'ils mangeaient avaient été récoltés dans le jardin de la famille situé sur le bord de la route. « Quand j'étais petite, il y avait un festival des récoltes », a-t-elle dit.

« C'est drôle, a ajouté Seth. On avait une fête qui ressemblait à ça quand nous habitions avec ma *Bubbie* à Toronto. »

« Ta Bubbie ? » s'est exclamée Lisa.

« Oh, c'est ma grand-mère, la mère de mon père, a répondu Seth en souriant. Nous appelons cette fête Soukkot ou la fête des cabanes. Nous construisions une sorte d'abri temporaire, qu'on appelle un soukkah, dans le fond du jardin. On le décorait et on y mangeait. Quand il ne faisait pas trop froid, on pouvait y dormir aussi. »

« Ça a l'air intéressant, a dit Mathieu. Nous pourrions peut-être t'aider à en construire un ici cette année. »

« Formidable ! » a dit Seth. Il appréciait ce repas avec ses nouveaux amis. ❖

Les fêtes juives

La Pâque (au printemps)
L'occasion de célébrer la liberté et de se souvenir de l'époque où les Israélites étaient esclaves en Égypte

Shavouot (au printemps)
Pour commémorer la remise de la Tora, les écritures saintes juives, à Israël

Rosh Hashana (en automne)
C'est le nouvel an juif.

Yom Kippour (en automne)
On pardonne et on demande pardon.

Soukkot (en automne)
Aussi appelée la fête des cabanes. On construit un abri temporaire et on se souvient que Dieu est un grand protecteur.

Hannoukka (en hiver)
On allume les veilleuses de Hannoukka et on se souvient de la reconsécration du temple.

Pourim (en hiver)
Une fête pour s'amuser et célébrer la bravoure de la reine Esther qui a sauvé les juifs persans

Un soukkah miniature

Des veilleuses allumées pour Hannoukka

Des enfants se déguisent pour Pourim.

La plupart des églises chrétiennes font une célébration lors du Jour d'Action de grâce. Souvent, l'église est décorée avec des symboles de la récolte et les gens donnent de la nourriture pour les banques alimentaires.

Parlons-en

❑ Pour célébrer les fêtes religieuses, on prépare souvent des repas spéciaux. Parle de la manière dont les familles célèbrent des jours de fête avec de la nourriture. Comment les gens de différentes religions célèbrent-ils leurs fêtes ? Comment rendent-ils grâce ?

Réflexion

❑ Qu'est-ce que ça veut dire « être reconnaissant » ?

❑ Cite plusieurs choses pour lesquelles tu es reconnaissant. Pourquoi en es-tu reconnaissant ?

Soukkot

En bref Seth et ses amis découvrent une fête juive.

Quand il est arrivé à la maison après le repas chez Lisa, Seth a parlé de Soukkot avec son père.

« C'est bientôt Soukkot, a dit son père. Cette fête célèbre l'époque où les juifs étaient dans le désert et vivaient sous des abris temporaires. C'est aussi une fête des récoltes. Le soukkah ou cabane rappelle les cabanes dans lesquelles les fermiers vivaient quand ils ramassaient la récolte dans les champs et les vergers. Pendant cette fête, on remercie Dieu pour toutes les choses qu'il a faites et les bons légumes et fruits que la terre nous fournit. »

Le père de Seth s'est souvenu d'une prière juive qui demande à Dieu de répandre un « soukkah de paix sur Israël et le monde entier ».

« *Ufros aleinu sukkat shlomecha*, a cité le père de Seth en hébreu. En français, ça veut dire : "Protégez-nous avec votre soukkot de paix." Dans cette prière, les juifs demandent à Dieu de les réconforter, un peu comme une mère couvre son enfant avec une couverture. »

Écriture sainte
Ancien Testament

*R*éconfortez mon peuple, c'est urgent, dit votre Dieu. Retrouvez la confiance de Jérusalem, criez-lui qu'elle en a fini avec les travaux forcés, et qu'elle a purgé sa peine. Car le Seigneur lui a fait payer le prix complet de toutes ses fautes.

Ésaïe 40. 1-2

Une mère couvre son enfant avec une couverture. Le jour de Soukkot, les juifs se souviennent que Dieu protège les gens de la même manière qu'une couverture les protège du froid.

Une hutte

On utilise différents mots pour parler de l'abri. On dit « soukkah » en hébreu et cabane ou hutte en français.

Soukkot était juste après le Jour d'Action de grâce cette année-là. Seth, son père et le frère de Lisa ont construit une petite **hutte** derrière chez eux. Ils ont recouvert les côtés avec une toile pour faire les murs et ont trouvé des branchages pour le toit. Les branchages étaient parfaits parce que le soukkah ne doit pas avoir un vrai toit.

« On doit pouvoir voir les étoiles, comme les Israélites dans le désert quand

Écriture sainte

Ancien Testament

« Le quinzième jour du septième mois, après avoir récolté les produits de la terre, vous commencerez à célébrer une fête d'une semaine en mon honneur. Le premier et le huitième jours seront des jours de repos. Dès le premier jour, vous vous munirez de beaux fruits, de feuilles de palmiers, de rameaux d'arbres touffus ou de saules des torrents, et vous manifesterez votre joie devant moi pendant toute la semaine. Chaque année vous célébrerez cette fête en mon honneur, pendant une semaine au cours du septième mois. Vous observerez cette prescription en tout temps. Durant cette semaine, vous, les Israélites, vous devrez tous vous installer dans des huttes, afin que vos descendants sachent que j'ai fait habiter leurs ancêtres dans des huttes, lorsque je les ai conduits hors d'Égypte. Je suis le Seigneur votre Dieu. »

Lévitique 23. 39-43

ils se sont enfuis d'Égypte », a dit le père de Seth.

Seth a invité ses amis chez lui. Ils ont amené des chaises de jardin dans le soukkah. Ils ont décoré l'intérieur avec des serpentins, des lanternes et des fruits. Ils avaient quelques citrons et des raisins qu'ils avaient achetés à l'épicerie. Il y avait aussi des courgettes et des citrouilles du jardin de Lisa et quelques fruits du sorbier d'Amérique ainsi que quelques cônes d'épinette qui venaient des bois derrière la maison.

Ils ont tous été contents de manger dans le soukkah, et après le repas ils ont joué à un jeu que Dorothée avait apporté.

« Ce serait formidable si on pouvait dormir ici, n'est-ce pas ? » a dit Daniel.

« Oh oui, a répondu Seth avec enthousiasme. Je vais demander à Maman si on peut. »

Seth est revenu déçu. Il n'avait pas réussi à persuader sa mère de les laisser dormir dans le soukkah. « Elle dit qu'il fait trop froid et qu'il va pleuvoir », a-t-il expliqué à ses amis.

« Je suppose qu'il ne pleuvait pas beaucoup dans le désert », a dit Lisa.

« Non, a dit Seth en riant. Les Israélites n'avaient pas à se soucier de la pluie, eux. »

« Mais on s'est bien amusé quand même », a dit Tahira. ❖

La **synagogue** de St. John's, Terre-Neuve-et-Labrador, où les juifs étudient et prient.

Synagogue
(si na gog)
Lieu de prière et d'étude pour les juifs

Un soukkah

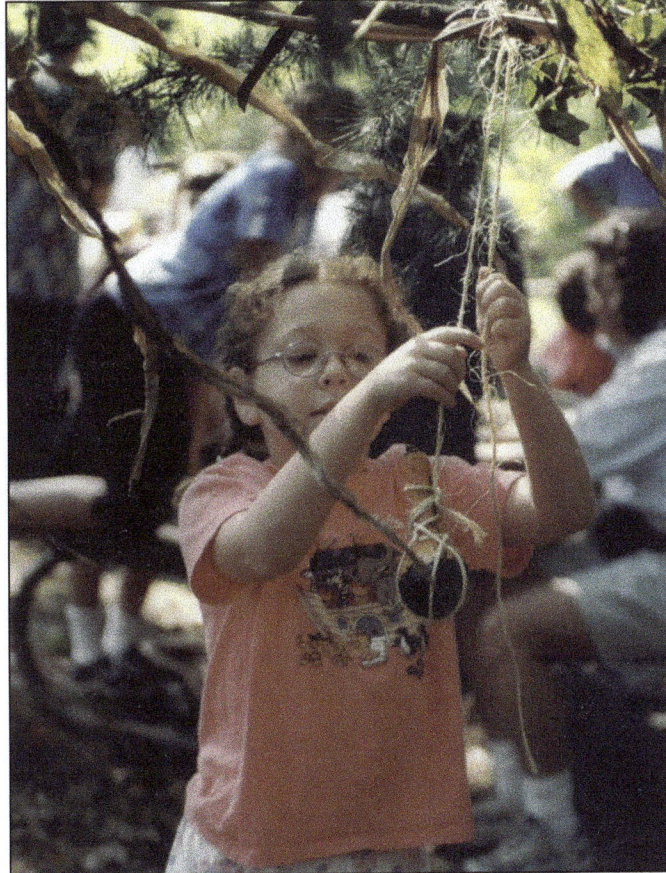

Une jeune fille décore un soukkah.

Parlons-en

❏ Comment les juifs célèbrent-ils la récolte dans cette histoire ? En quoi cette célébration est-elle différente du Jour d'Action de grâce ou des autres célébrations des récoltes ?

❏ Lis l'écriture sainte du Coran ci-contre. Nous savons que les écritures saintes des religions juive et chrétienne leur disent de montrer leur reconnaissance. Ce passage montre que les musulmans reçoivent le même message. Pourquoi est-il important de rendre grâce ?

Écriture sainte
Coran

O les croyants ! Mangez des nourritures licites que Nous vous avons attribuées. Et remerciez Allah, si c'est Lui que vous adorez.

Coran 2.172

L'entrée dans la famille religieuse

En bref

Lisa apprend comment certaines religions introduisent de nouveaux membres dans leur famille religieuse.

« Viens voir mon petit frère », a crié Tahira à Lisa en sortant de l'école. C'était un après-midi ensoleillé d'octobre. Il y avait quelques adultes à la sortie de l'école. Parmi eux, il y avait une dame qui portait des vêtements pakistanais traditionnels sous un long manteau épais. Elle était avec un bébé dans une poussette.

« Les voilà », a dit Tahira en courant vers la femme avec le bébé. « C'est ma grand-mère et voici mon petit frère Omar. Il est mignon, n'est-ce pas ? »

La grand-mère de Tahira a dit qu'il fallait rentrer rapidement car elle ne voulait pas qu'Omar prenne froid. Lisa les a accompagnés jusque devant chez elle.

Elle s'est précipitée à l'intérieur pour dire à sa mère qu'Omar était vraiment mignon.

« Il m'a même souri », a-t-elle dit.

« Il doit être un petit bébé heureux », a répondu sa mère.

« Je suppose qu'ils vont bientôt faire baptiser Omar », a dit Lisa. Elle avait assisté au baptême de ses petits cousins et se souvenait que les bébés avaient pleuré quand on avait versé l'eau sur eux.

« Je ne crois pas, a répondu sa mère. Souviens-toi, Tahira t'a dit que sa famille est musulmane. » La mère de Lisa a expliqué que beaucoup de chrétiens font baptiser leurs bébés. « Mais d'autres religions, comme l'islam ou le judaïsme, ont d'autres façons d'accueillir leurs bébés dans leur famille religieuse. »

« Pourquoi est-ce que nous le faisons, alors ? »

« Les chrétiens ont le baptême parce qu'ils suivent l'exemple de Jésus qui a été baptisé par Jean-Baptiste, a dit la mère de Lisa. Pour nous, par le baptême, une personne devient membre de l'église chrétienne. Toutes les églises chrétiennes ne baptisent pas de la même façon », a expliqué la mère de Lisa en prenant la Bible. « Voici l'histoire du baptême de Jésus selon l'Évangile de Marc :

Écriture sainte
Nouveau Testament

*I*ci commence la Bonne Nouvelle de Jésus-Christ, le Fils de Dieu. Dans le livre du prophète Ésaïe, il est écrit : « Je vais envoyer mon messager devant toi, dit Dieu, pour t'ouvrir le chemin. C'est la voix d'un homme qui crie dans le désert : Préparez le chemin du Seigneur, faites-lui des sentiers bien droits ! » Ainsi, Jean le Baptiste parut dans le désert ; il lançait cet appel : « Changez de comportement, faites-vous baptiser et Dieu pardonnera vos péchés. » Tous les habitants de la région de Judée et de la ville de Jérusalem allaient à lui ; ils confessaient publiquement leurs péchés et Jean les baptisait dans la rivière, le Jourdain.

Jean portait un vêtement fait de poils de chameau et une ceinture de cuir autour de la taille ; il mangeait des sauterelles et du miel sauvage. Il déclarait à la foule : « Celui qui vient après moi est plus puissant que moi ; je ne suis pas même digne de me baisser pour délier la courroie de ses sandales. Moi, je vous ai baptisés avec de l'eau, mais lui, il vous baptisera avec le Saint-Esprit. »

Alors, Jésus vint de Nazareth, localité de Galilée, et Jean le baptisa dans le Jourdain. Au moment où Jésus sortait de l'eau, il vit le ciel s'ouvrir et l'Esprit Saint descendre sur lui comme une colombe. Et une voix se fit entendre du ciel : « Tu es mon Fils bien-aimé ; je mets en toi toute ma joie. »

Marc 1. 1-11

Après avoir lu le texte, elle a rappelé à Lisa le jour où elles étaient allées dans l'église d'une amie pour assister au baptême de plusieurs personnes dont une fille de treize ans. La jeune fille s'est avancée devant l'assemblée et a expliqué pourquoi elle était devenue chrétienne. Puis elle a été baptisée dans des fonds baptismaux. Alors la fille a dit : « J'ai l'impression d'être une nouvelle personne et je vais suivre la voie de Jésus. »

« Certaines églises chrétiennes n'ont pas de baptême du tout, a dit la mère de Lisa.

À la place, elles ont une cérémonie de consécration pour les bébés. »

Plus tard, Lisa a demandé à Tahira comment les familles musulmanes accueillaient les nouveaux membres. Tahira lui a dit que dès qu'un bébé est né dans une famille musulmane, quelqu'un chuchote dans ses deux oreilles : « Il n'y a qu'un seul Dieu, c'est Allah et Mahomet est le prophète de Allah. »

C'est la première chose qu'un petit musulman entend. ❖

Le message « Il n'y a qu'un seul Dieu, c'est Allah et Mahomet est le prophète de Allah » est chuchoté au nouveau-né musulman.

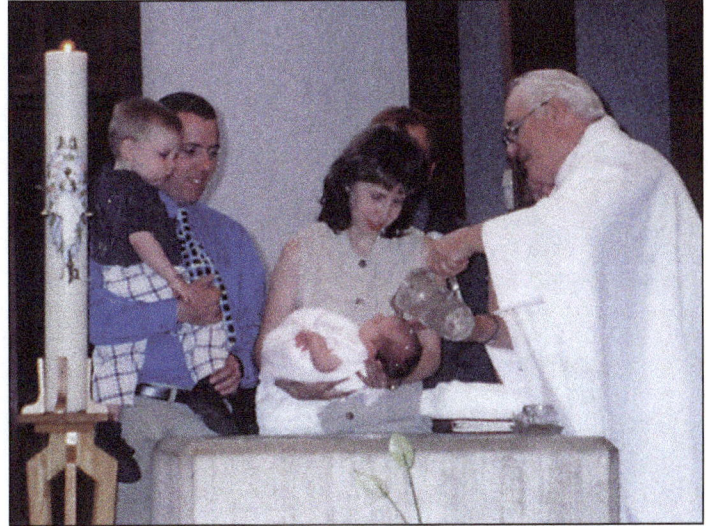

Les chrétiens célèbrent le baptême de différentes manières. Voici deux exemples. D'après toi, que se passe-t-il dans ces photos ?

Parlons-en

❑ Relis l'écriture sainte de l'Évangile de Marc à la page 49. On y trouve une citation du prophète Ésaïe dans l'Ancien Testament. Qu'en penses-tu ? Voici quelques questions qui guideront la discussion.

• Qui est le messager dont parle Ésaïe ?

• De qui parle Jean-Baptiste quand il dit : « Celui qui vient après moi est plus puissant que moi » ?

• Le dernier verset fait référence à une voix. Les chrétiens pensent que c'est la voix de qui ?

Allons plus loin

❑ Recherche comment dans les religions telles que le judaïsme, l'hindouisme, l'islam et le christianisme, on accueille les nouveaux membres. Partage tes résultats avec tes camarades de classe.

Le Ramadan

En bref   Lisa découvre une pratique islamique importante.

L'hiver arrivait. Le soleil de novembre était pâle et il avait déjà neigé légèrement. Lisa et Tahira tremblaient en rentrant de l'école.

« J'ai faim », a dit Lisa.

« Moi aussi, a dit Tahira. Viens chez moi, nous prendrons un goûter et nous ferons nos devoirs ensemble. »

« C'est une bonne idée, a répondu Lisa. Je vais téléphoner à la maison pour dire où je suis. »

En entrant chez Tahira, Lisa a remarqué que c'était très calme. Omar doit dormir, a-t-elle pensé.

La mère de Tahira lisait à la table de la salle à manger. Elle a souri et a invité les filles à se préparer un goûter.

Elles sont allées dans la cuisine toute propre. Tahira a expliqué que sa mère ne travaillait pas l'après-midi cette semaine-là. Tahira a sorti des craquelins et du fromage et elle a demandé à Lisa de servir deux verres de lait.

« Est-ce que je peux demander à ta mère si elle veut quelque chose ? » a dit Lisa.

« Non, ne t'inquiète pas, elle ne mangera rien avant le coucher du soleil », a répondu Tahira.

« Le coucher du soleil ! Pourquoi ? » a demandé Lisa.

« Parce que c'est le Ramadan, a répondu Tahira. Viens, Maman pourra t'expliquer mieux que moi. »

Elles sont allées dans la salle à manger et Tahira a demandé à sa mère de leur parler du Ramadan.

« Eh bien, a commencé la Docteure Khan, vous savez que nous sommes musulmans et que notre religion est l'islam. Nous essayons d'exprimer notre foi dans tout ce que nous faisons. Ce mois-ci, le neuvième mois du calendrier **lunaire** islamique, est appelé le saint mois du Ramadan. Pendant cette période nous jeûnons. Les adultes en bonne santé ne mangent pas et ne boivent pas, du lever au

❖ ❖ ❖

Lunaire

Quand une chose a un rapport avec la lune on dit qu'elle est lunaire. Un calendrier lunaire est basé sur les phases de la lune.

coucher du soleil. Le **jeûne** est considéré comme une forme de contrôle de soi. »

Lisa s'est tournée vers Tahira : « Pourquoi ne jeûnes-tu pas, toi aussi ? » lui a-t-elle demandé.

« Ma mère a trouvé que je n'étais pas encore prête cette année, peut-être que je serai prête l'année prochaine », lui a répondu Tahira.

« Le jeûne n'est pas pour les jeunes enfants, les malades et les personnes âgées », a ajouté la mère de Tahira.

Tandis que les deux filles mangeaient, la mère de Tahira leur a expliqué que le Coran oblige les musulmans à observer le Ramadan.

« Le Ramadan ressemble à un acte d'adoration, a t-elle dit. Pendant cette période joyeuse, les musulmans comprennent mieux Dieu.

Le croissant de lune et l'étoile sont des symboles associés à l'islam. Comme dans beaucoup d'autres religions, l'islam se sert des phases de la lune pour décider des dates des fêtes comme le Ramadan.

❖ ❖ ❖

Le jeûne
Un des piliers de l'islam qui a lieu pendant le mois du Ramadan

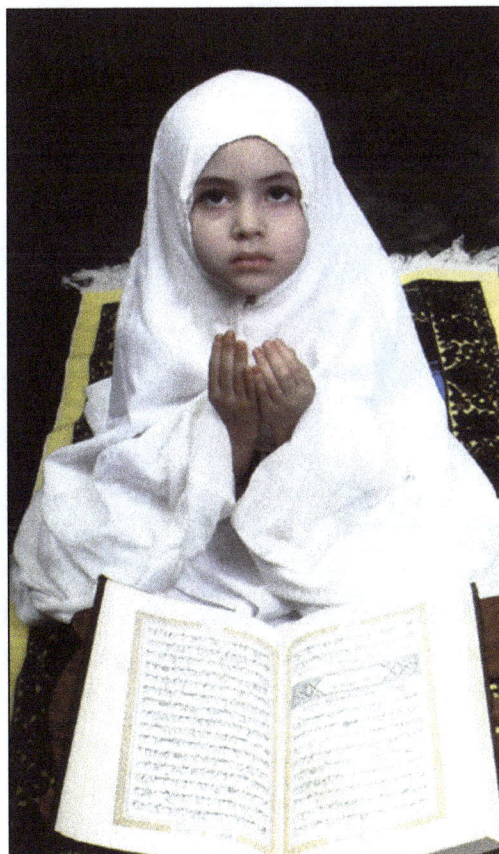

Une fille prie pendant le mois du Ramadan.

« Il y a beaucoup de gens qui ont faim et qui souffrent dans le monde. Quand on ne mange pas, cela nous rappelle ceux qui ont moins de chance que nous.

« Le mois du Ramadan est aussi important parce que les musulmans croient que c'est pendant cette période que l'ange Gabriel a remis le Coran au prophète Mahomet. Beaucoup de musulmans lisent toutes les écritures saintes du Coran pendant le Ramadan. »

« Vous avez dit que le Ramadan est un mois joyeux », a fait remarquer Lisa. Elle se demandait ce qu'il y avait de joyeux à ne pas manger du matin au soir.

Puis la Docteure Khan a expliqué ce qu'elle voulait dire : « Quand le soleil se couche, nous cessons le jeûne et nous prenons le repas du soir. C'est un moment très spécial. Dans les endroits où il y a beaucoup de musulmans, les amis mangent ensemble. Puis, lorsque les prières sont dites et que le repas du soir est terminé, généralement les gens rendent visite à leurs amis et leur famille.

« Le Ramadan se terminera bientôt, a ajouté la Docteure Khan. Tahira en est très heureuse, n'est-ce pas ? »

« Oui, parce que quand le Ramadan se termine, nous recevons tous des cadeaux », s'est-elle exclamée.

Le mont Hira, près de La Mecque. On aperçoit la cave d'Hira où le prophète Mahomet a reçu sa première révélation.

La mère de Tahira a continué : « Le Ramadan se termine avec la fête de *l'Eid al Fitr* qui veut dire la fin du jeûne. C'est le premier jour du dixième mois. À ce moment-là, les enfants reçoivent de nouveaux vêtements et des cadeaux de la famille et des amis. »

En entendant ça, Lisa était un peu jalouse. Elle aurait bien voulu recevoir des cadeaux comme Tahira.

Les filles ont bientôt fini leurs devoirs. Lisa a entendu Omar bouger en haut. Elle s'est rendu compte qu'il était l'heure du souper. En rentrant chez elle, elle a pensé à la mère de Tahira et à la religion islamique. Ça doit être difficile pour elle de passer une journée sans manger, surtout qu'elle travaille de longues heures à l'hôpital. Sa foi doit être très importante pour elle.

Lisa s'est mise à penser à la fin du Ramadan. Ça doit être merveilleux de célébrer la fin du jeûne et de partager des cadeaux. Tahira et sa famille doivent être tellement heureuses d'ouvrir les cadeaux. Puis, Lisa s'est souvenue qu'elle et sa famille s'offriraient bientôt des cadeaux et célébreraient la fête chrétienne de Noël. ❖

Eid al Fitr
(a-id al fitr)

Une femme prépare des tissus pour une vente de l'Eid al Fitr. On offre souvent du tissu en cadeau après le Ramadan.

Tahira regarde un cadeau de Ramadan, un beau tissu.

Des musulmanes préparent de la nourriture pour les célébrations de l'Eid al Fitr, à la fin du Ramadan.

Parlons-en

❑ Pour quelles raisons le jeûne est-il important dans la religion musulmane ?

❑ Lisa a beaucoup appris au sujet du Ramadan. Parles-en avec tes camarades de classe. De quelles manières les musulmans comprennent-ils mieux Dieu pendant ce mois saint ?

Une famille musulmane prépare des paquets de riz enveloppés dans des feuilles de noix de coco. C'est un plat populaire lors des célébrations de l'Eid al Fitr à la fin du Ramadan.

Retour en arrière

Réfléchis à toutes les histoires dans cette partie « Les débuts ». Penses-tu que c'est un bon titre pour cette partie ? Explique pourquoi. Les questions suivantes t'aideront.

- De quelle manière les parents de Daniel l'ont-ils aidé à commencer la nouvelle année scolaire ?

- Que sais-tu des débuts de l'église chrétienne ?

- Quelle nouvelle expérience Seth et Tahira ont-ils vécue ?

- De quelle manière beaucoup de chrétiens marquent-ils leur entrée dans leur religion ?

- Dans la religion musulmane, quelle est la première chose que les nouveaux-nés entendent pour s'assurer qu'ils commencent leur vie en ayant connaissance de Allah ?

L'amitié

Deuxième partie

Prendre soin des animaux

En bref — La classe de M. Poirier apprend ce qu'est la responsabilité associée au soin des créatures vivantes.

« Je me demande ce qu'il y a dans la boîte en carton sur le bureau de M. Poirier », a dit Daniel un matin en entrant dans la classe avec Seth. Leur enseignant avait un sourire étrange. On entendait des bruits qui sortaient de la boîte.

M. Poirier a regardé la classe. « En venant à l'école ce matin, quelque chose a attiré mon attention sur le bord de la route », a-t-il dit. Une petite tête poilue grise a poussé le couvercle de la boîte. Elle a regardé tout autour avec des grands yeux brillants et curieux.

Certains enfants ont crié de surprise, d'autres ont ri ou ont sursauté. Et alors, M. Poirier a sorti un, puis deux, trois et

quatre chatons, un tout gris, un tigré et deux noirs ! Les enfants se sont rassemblés autour du bureau.

M. Poirier a expliqué qu'il avait trouvé les chatons blottis contre un tas de bois sur le bord de la route.

« Mais ils sont trop petits pour vivre seuls ! » s'est exclamée Lisa.

« Ils seraient peut-être morts si vous ne les aviez pas trouvés, a ajouté Dorothée. Il commence à faire vraiment froid. »

« Quelqu'un a dû les abandonner là », a dit Daniel.

« Pourquoi est-ce que quelqu'un abandonnerait des petits animaux comme ça ? a demandé Tahira. Ce sont encore des bébés. »

« C'est si cruel ! » s'est exclamé Seth.

« Que vont-ils devenir maintenant ? » a demandé Daniel.

Sa question a lancé une discussion. Beaucoup d'enfants voulaient emmener un chaton à la maison.

M. Poirier a demandé aux enfants de reprendre leur place. Puis, il a dit qu'il s'occuperait des chatons jusqu'au lendemain. Il a continué en disant que ceux qui voulaient un chaton devraient avoir la permission de leurs parents.

« C'est une grande responsabilité de s'occuper d'un chat », a dit M. Poirier.

La classe a discuté des besoins des chats et de ce qu'il faut prendre en considération avant de décider d'avoir un animal domestique.

M. Poirier a terminé la discussion en disant : « Si votre famille veut un chaton, apportez une lettre de vos parents. »

Ce soir-là, presque tous les enfants de la classe de M. Poirier ont supplié leurs

Dieu voit tomber le petit moineau

Dieu voit tomber le petit moineau
Là devant lui.
Si Dieu aime les petits oiseaux,
Alors je sais qu'Il m'aime aussi.

Dieu a créé les petits oiseaux
Et les fleurs,
Les créatures, grandes et petites.
Il n'oubliera pas ses petits
Je sais qu'Il les aime tous.

[traduction libre]
Maria Straub, 1838 - 1898

parents d'adopter un des chatons. Le lendemain, M. Poirier a été surpris du nombre d'élèves qui ont apporté des lettres. Pour être juste, il a mis tous les noms dans un chapeau et en a tiré quatre au sort. Tous les chatons ont trouvé de bonnes maisons.

« C'est merveilleux ! a-t-il dit. Cela démontre que nous prenons soin de la Terre et des créatures qui y vivent. Plusieurs religions nous enseignent ceci. »

« Je crois que nous avons lu un texte à ce sujet à l'école du dimanche, a dit Lisa. Le titre est "Dieu voit tomber le petit moineau." » Elle a récité quelques lignes du texte.

« Quelle est la signification de ce texte, d'après toi ? »

« Que Dieu prend soin même de la plus petite créature, et on devrait faire la même chose », a répondu Lisa.

« Oui, a dit M. Poirier. Quatre d'entre vous ont pris un grand engagement aujourd'hui. Pour notre prochaine classe d'enseignement religieux, je veux que vous réfléchissiez à d'autres façons de prendre soin de la Terre et de ses créatures vivantes. »

Seth était un des chanceux. Ce jour-là, il est rentré à la maison en portant son chaton. Il était tout fier. Il savait qu'avec l'aide de ses parents, il pourrait prendre soin de son nouvel ami. ❖

Un garçon s'amuse avec son chien.

Parlons-en

❑ Qu'est-ce que les élèves de M. Poirier ont appris au sujet de la responsabilité envers toutes les créatures vivantes ?

❑ Les différentes religions nous enseignent qu'il faut prendre soin de toutes les formes de vie. Pourquoi cela est-il important selon toi ?

Réflexion

❑ Le texte que Lisa a récité devant la classe dit que Dieu aime toutes les créatures vivantes, même les plus petites. Fais une liste de choses que tu peux faire pour aider à prendre soin de la Terre et de ses créatures vivantes.

Hannoukka chez Seth

En bref Seth et sa famille partagent la fête de Hannoukka avec des amis.

C'était le mois de décembre. La mère de Tahira se sentait fatiguée en quittant l'hôpital. Elle avait travaillé fort ce jour-là, comme tous les jours. Elle n'était pas habituée au froid et il y avait eu une tempête ce matin-là. Elle commençait à se rendre compte combien la vie serait différente dans cette petite ville de Terre-Neuve-et-Labrador. Elle se demandait si elle aimerait les hivers à St. Anthony.

En arrivant à la maison, elle a trouvé Tahira tout excitée.

« Rappelle la mère de Seth tout de suite ! Elle a téléphoné pour nous inviter à célébrer Hannoukka avec eux. Est-ce qu'on peut y aller ? C'est dimanche soir. Ce sera formidable ! »

La Docteure Khan n'a pas pu s'empêcher de sourire.

« Bien sûr que nous irons », a-t-elle répondu en riant. Tout à coup elle s'est sentie mieux.

L'hiver à St. Anthony

Quand Tahira et sa mère sont arrivées chez les Gellert le dimanche soir, Daniel, Lisa et leurs parents étaient déjà arrivés. Tahira a senti une bonne odeur de cuisine.

La mère de Seth a souhaité la bienvenue à tout le monde. « Je suis contente de vous voir. Nous avons organisé cette soirée pour partager la fête de Hannoukka avec vous. Seth va vous expliquer la fête de Hannoukka. »

« Je vais essayer », a dit Seth.

Il avait l'air un peu nerveux quand il a commencé à décrire les origines des célébrations de Hannoukka.

« Il y a longtemps, le temple juif de Jérusalem a été envahi et occupé par Antiochus, un roi étranger. Les juifs n'avaient plus le droit de pratiquer leur religion. Plus tard, un homme, qui s'appelait Juda Maccabée, a mené un groupe de soldats qui ont combattu Antiochus. Ils ont battu son armée et ont repris le temple puis ils l'ont préparé pour la prière. C'était la purification du temple. Depuis ce jour-là, dans la religion juive, on célèbre Hannoukka. En fait, on appelle souvent Hannoukka la fête de la purification. »

Il ne reste plus que le mur ouest du temple juif de Jérusalem, aussi appelé le Mur des lamentations.

Écriture sainte
Ancien Testament

*J*uda et ses frères dirent alors : « Maintenant que nos ennemis sont vaincus, montons à Jérusalem pour purifier le temple et le consacrer de nouveau à Dieu. »

…Juda, ses frères et toute l'assemblée d'Israël décidèrent qu'on fêterait avec joie et allégresse la consécration de l'autel, chaque année, à la même époque, à partir du vingt-cinq Kisleu et pendant huit jours.

1 Maccabées 4. 36, 59

Menorah de Hannoukka

➡️ **La hanoukia compte neuf branches. Celle du milieu s'appelle le chamach. Elle sert à allumer les huit autres.**

Prière de Hannoukka

Béni sois-Tu, notre Dieu, Roi de l'Univers qui nous a sanctifiés par Ses Commandements et nous a ordonné d'allumer les lumières de Hannoukka. Amen.

« Très bien, Seth, a dit son père. À cette période de l'année, les juifs remercient Dieu de la liberté de pratiquer leur religion et du retour de leur temple. »

Sur la table, il y avait un chandelier à neuf branches.

« J'ai déjà vu des photos de ça, a dit Tahira. Est-ce que ça fait partie de la fête de Hannoukka ? »

« Oui, a répondu la mère de Seth. On l'appelle la hanoukia ou la menorah de Hannoukka. »

La mère de Seth lui a expliqué que la menorah a neuf veilleuses, ou chandelles. Il y en a une pour chacun des huit jours de la fête de Hannoukka et une supplémentaire, le chamach, pour allumer les autres.

« Elle allume les autres ? » a demandé Lisa.

« Tu verras. Ce soir, c'est le premier jour de cette fête de huit jours, a-t-elle dit. Dimanche prochain, les huit veilleuses seront allumées. Les juifs appellent aussi cette fête "la fête des lumières". »

Le père de Seth a continué : « La hanoukia nous rappelle celle qui était utilisée dans le temple juif de Jérusalem. Quand le temple a été rouvert, il n'y avait assez d'huile que pour éclairer le temple pendant une nuit. Mais pourtant, l'huile a brûlé pendant huit jours. Comme juifs, nous croyons qu'il y a eu un miracle. »

Après les explications de son père, Ruth, la sœur de Seth, a pris une allumette et a dit une courte prière de remerciements en hébreu. Elle a allumé la chandelle du milieu et elle l'a utilisée pour allumer la première. Ensuite, la famille de Seth a récité « Hanérot Hallalou ».

Hanérot Hallalou

Nous allumons ces lumières pour commémorer les actes salvateurs, les miracles et les merveilles que Tu as accomplis pour nos ancêtres, en ces jours-là, en ce temps-ci, par Tes saints Cohanim.

Pendant les huit jours de Hannoukka, ces lumières sont sacrées et nous n'avons pas le droit d'en faire un quelconque usage, mais uniquement de les regarder pour remercier et rendre grâce à Ton grand Nom pour Tes miracles, pour Tes merveilles et pour Tes délivrances.

Le dreidel
(drè dèl)

Sais-tu comment se termine le jeu de dreidel ?

Le jeu de la toupie - Le dreidel

Nun : Il ne se passe rien.

Gimel : On prend toutes les pièces en chocolat.

Hey : On prend la moitié de la pile de pièces.

Shin : On met une pièce dans la pile.

« Maintenant nous allons jouer un jeu », a dit Seth.

« Génial ! J'adore les jeux », a dit Daniel.

Il a montré une sorte de toupie composée de quatre faces qui s'appelle un **dreidel**. « Il y a une lettre en hébreu sur chacune des faces. Les lettres sont *Nun, Gimel, Hey,* et *Shin.* Ces lettres représentent les initiales des mots de la phrase : *Nes Gadol Hayah Sham* en hébreu, ce qui veut dire "Un grand miracle a eu lieu ici." »

« Comment est-ce qu'on joue ? » a demandé Lisa.

« C'est facile, a dit Seth. Chacun reçoit le même nombre de pièces en chocolat, des *gelts*. Gelt est le mot **yiddish** qui veut dire argent. Une pile de pièces en chocolat reste au centre de la table. On fait tourner la toupie et quand elle s'arrête, la lettre devant toi indique quoi faire. Si c'est Nun, il ne se passe rien et c'est le tour du suivant. Si c'est Gimel, le joueur prend toutes les pièces en chocolat. Si c'est la lettre Hey, on prend la moitié des pièces en chocolat. Mais celui qui a Shin doit mettre une pièce dans la pile. »

« Est-ce qu'on peut manger le chocolat qu'on gagne ? » a demandé Daniel.

❖ ❖ ❖

Le yiddish

Le yiddish était la langue de beaucoup de personnes juives qui vivaient en Europe. Certains de leurs descendants qui sont âgés et vivent en Amérique du Nord parlent encore cette langue.

« Tu verras », a répondu Seth.

Les enfants se sont assis sur le sol et ont joué au dreidel pendant que les adultes les regardaient. Le jeu a été interrompu une fois par le chaton de Seth. Il était attiré par la toupie et a bondi dessus. Les pièces ont volé dans tous les sens et tout le monde a bien ri.

« Eh ! Seth, comment as-tu appelé ton chaton ? » lui a demandé Tahira.

« Poivre », a répondu Seth.

« Elle a vraiment grossi ! » a dit Lisa.

« Nous étions un peu inquiets au début, a dit le père de Seth. Mais Seth en est entièrement responsable. Nous n'avons jamais à lui rappeler qu'il doit la nourrir ou nettoyer sa litière. Elle fait vraiment partie de la famille maintenant. »

À la fin du jeu, c'est Lisa qui avait le plus de pièces. Elle les partageait avec les autres quand la mère de Seth a apporté une assiette très chaude.

« Ce sont des *latkes*, des crêpes de pomme de terre, a expliqué Mme Gellert. Nous en mangeons toujours à Hannoukka. Ça se mange avec de la crème sûre, de la compote de pommes ou du ketchup si on veut. » On a distribué des assiettes et des fourchettes et tout le monde a apprécié les latkes.

À la fin de la soirée, Tahira et sa mère sont rentrées à la maison à pied. Elles ont parlé de la superbe fête que Seth et sa famille avaient partagée avec elles. Malgré le froid, elles avaient chaud au cœur.

« Regarde la neige, a observé la Docteure Khan. Elle brille sous le clair de lune. »

« C'est vraiment très beau », a dit Tahira.

« Je crois que l'hiver est vraiment très beau, a dit la Docteure Khan en serrant sa fille contre elle. Il faudra seulement que l'on s'y habitue. » ❖

❖ ❖ ❖

Latkes
(lat kès)

Latkes

Allumage des veilleuses de la hanoukia

Parlons-en

❑ Pour quelles raisons est-ce que les juifs célèbrent Hannoukka ?

Réflexion

❑ La mère de Tahira se sentait différente après avoir célébré la fête de Hannoukka avec la famille de Seth. Pourquoi ? Connais-tu d'autres célébrations ou fêtes religieuses ? D'après toi, pourquoi ces célébrations sont-elles importantes pour ceux qui y participent ?

Le spectacle de Noël

En bref

Tahira et Seth découvrent l'histoire de Noël.

Lisa était heureuse de découvrir le judaïsme et l'islam grâce à ses amis Seth et Tahira. Tout était nouveau et intéressant pour elle. Maintenant, elle aimerait leur faire connaître un aspect de sa religion, le christianisme.

Car, un enfant nous est né, un fils nous est donné.

Ésaïe 9. 5

C'était la mi-décembre et presque tout le monde à St. Anthony était occupé à préparer Noël. Lisa a décidé qu'elle inviterait Tahira et Seth à venir assister au spectacle de Noël avec elle. On s'y amusait toujours. Les petits enfants jouaient les rôles pendant qu'un des enfants les plus âgés lisait l'histoire de Noël à haute voix.

Le jour du spectacle, Lisa a rencontré Tahira et Seth dans le sous-sol de l'église. Ils sont arrivés de bonne heure pour avoir des places à l'avant. En regardant la scène qui était prête pour le spectacle, Tahira et Seth posaient beaucoup de questions.

« Pourquoi est-ce que la scène ressemble à une grange ? » a demandé Tahira.

« Ce n'est pas vraiment une grange, a expliqué Lisa, c'est une étable. Dans la Bible, on dit que Jésus est né dans une étable. Juste avant sa naissance, ses parents, Marie et Joseph devaient aller jusqu'à Bethléem. Ils ont essayé de trouver un endroit où dormir mais il n'y avait pas de place dans la ville. Marie était prête à avoir son bébé et il leur fallait vraiment une place. Enfin, un aubergiste leur a prêté son étable. »

« Pourquoi y a-t-il une étoile au-dessus de l'étable ? » a demandé Seth.

« Quand Marie était dans l'étable, son bébé est né, a répondu Lisa. C'était Jésus, un bébé extraordinaire, et pour cette raison, une grosse étoile très brillante est apparue dans le ciel. Cette étoile indiquait l'endroit où était ce bébé. Les rois mages, venus de l'Orient, ont suivi cette étoile jusqu'à Bethléem. Ces trois personnes ont apporté des cadeaux pour l'enfant Jésus. »

« Je vois des moutons », a dit Tahira.

« Oui, lui a dit Lisa. Un ange a raconté la naissance de cet enfant à des bergers. Il leur a dit d'aller à Bethléem voir Jésus, le nouveau-né. Ils ont amené leurs moutons. »

« Et ça, qu'est-ce que c'est au milieu, avec de la paille dedans ? » a demandé Seth.

« C'est pour nourrir les animaux. C'est une mangeoire », a répondu Lisa.

Le spectacle allait commencer.

Tanya, la narratrice, est entrée sur scène la première. Elle avait une Bible à la main. D'une voix claire et forte, elle a lu l'histoire de Noël comme elle est écrite dans l'Évangile selon Luc.

Écriture sainte
Nouveau Testament

*E*n ce temps-là, l'empereur Auguste donna l'ordre de recenser tous les habitants de l'empire romain. Ce recensement, le premier, eut lieu alors que Quirinius était gouverneur de la province de Syrie. Tout le monde allait se faire enregistrer, chacun dans sa ville d'origine. Joseph lui aussi partit de Nazareth, un bourg de Galilée, pour se rendre en Judée, à Bethléem, où est né le roi David ; en effet, il était lui-même un descendant de David. Il alla s'y faire enregistrer avec Marie, sa fiancée, qui était enceinte. Pendant qu'ils étaient à Bethléem, le jour de la naissance arriva. Elle mit au monde un fils, son premier-né. Elle l'enveloppa de langes et le coucha dans une crèche, parce qu'il n'y avait pas de place pour eux dans l'abri destiné aux voyageurs.

Dans cette même région, il y avait des bergers qui passaient la nuit dans les champs pour garder leur troupeau. Un ange du Seigneur leur apparut et la gloire du Seigneur les entoura de lumière. Ils eurent alors très peur. Mais l'ange leur dit : « N'ayez pas peur, car je vous apporte une bonne nouvelle qui réjouira beaucoup tout le peuple : cette nuit, dans la ville de David, est né, pour vous, un Sauveur ; c'est le Christ, le Seigneur. Et voici le signe qui vous le fera reconnaître : vous trouverez un petit enfant enveloppé de langes et couché dans une crèche. »

Luc 2. 1-12

Pendant que Tanya lisait, une jeune fille vêtue d'une grande robe est entrée sur scène. Elle jouait le rôle de Marie, la mère de Jésus. Elle portait une poupée dans ses bras pour représenter l'enfant Jésus. Avec elle, il y avait un garçon qui représentait Joseph, le père de l'enfant Jésus.

Pendant que Tanya continuait sa lecture, quatre enfants habillés en bergers sont venus rejoindre Marie et Joseph. Un des bergers portait un agneau en peluche.

Doucement, Marie a placé l'enfant Jésus dans la crèche. Il y a eu un moment de silence quand tout le monde regardait la mère et l'enfant. Puis, Tanya a continué sa lecture de la Bible. Cette fois-ci, c'était un passage de l'Évangile selon Matthieu.

Écriture sainte
Nouveau Testament

*J*ésus naquit à Bethléem, en Judée, à l'époque où Hérode était roi. Après sa naissance, des savants, spécialistes des étoiles, vinrent d'Orient. Ils arrivèrent à Jérusalem et demandèrent : « Où est l'enfant qui vient de naître, le roi des Juifs ? Nous avons vu son étoile apparaître en Orient et nous sommes venus l'adorer. »

Matthieu 2. 1-2

La nativité : La naissance de Jésus, 1305, Giotto di Bondone

D'où viens-tu, bergère ?

D'où viens-tu, bergère ?
D'où viens-tu ?
D'où viens-tu, bergère ?
D'où viens-tu ?
Je viens de l'étable
De m'y promener
J'ai vu un miracle
Ce soir arrivé.

Qu'as-tu vu, bergère ?
Qu'as-tu vu ?
Qu'as-tu vu, bergère ?
Qu'as-tu vu ?
J'ai vu dans la crèche
Un petit enfant
Sur la paille fraîche
Mis bien tendrement.

Est-il beau, bergère ?
Est-il beau ?
Est-il beau, bergère ?
Est-il beau ?
Plus beau que la lune
Aussi le soleil
Jamais dans le monde
On vit son pareil.

Chanson traditionelle

Tanya s'est arrêtée de lire et trois garçons sont entrés. Ils étaient habillés dans des vêtements de couleurs et portaient une barbe. C'était les rois mages. Chaque garçon portait un cadeau joliment enveloppé. Les rois mages se sont avancés en silence et se sont agenouillés devant l'enfant Jésus.

Les personnages sont restés immobiles pendant un instant. La musique a commencé, et tout le monde s'est levé et s'est mis à chanter « D'où viens-tu, bergère ? ».

Après le spectacle, Lisa a invité Seth et Tahira chez elle. En marchant, ils ont parlé de ce qu'ils avaient vu.

« Jésus devait être un bébé très important, a dit Tahira. Même les rois mages se sont mis à genoux devant lui. »

« Oui, a répondu Lisa. Vous souvenez-vous de la pièce que vous avez vue dans mon église il n'y a pas longtemps sur la naissance de l'église chrétienne ? C'était aussi au sujet de Jésus. Dans sa vie d'adulte, Jésus est devenu un excellent enseignant et beaucoup de gens croyaient qu'il était le Messie. »

« C'est drôle, a dit Tahira. Les deux pièces parlent de naissances importantes. »

Plus ils s'approchaient de la maison, plus Lisa était excitée. Elle savait que Tahira n'avait encore jamais vu d'arbre de Noël et elle avait hâte de lui montrer le leur. Elle a monté les marches en sautant et a ouvert la porte.

Ils ont été enchantés de voir l'arbre de Noël. Lisa a pensé que c'était le plus bel arbre qu'ils avaient jamais eu. L'arbre était couvert de décorations et de lumières. La mère de Lisa en avait fabriqué quelques-unes quand elle était petite.

Tout le monde était debout devant l'arbre et le père de Lisa leur a expliqué que les décorations et les lumières symbolisaient la joie et la lumière de Noël.

« L'étoile en haut représente celle qui a mené les rois mages à l'endroit où Jésus est né », a-t-il expliqué.

Par terre autour de l'arbre, il y avait des cadeaux enveloppés dans du papier multicolore.

« Pourquoi y a-t-il des cadeaux ? » a demandé Tahira.

« Les cadeaux sont là pour rappeler le cadeau que Dieu a fait, Jésus. Tout comme Dieu offre Jésus, les chrétiens s'offrent des cadeaux les uns aux autres. À Noël, les cadeaux rappellent aux chrétiens l'amour et la générosité de Dieu », a expliqué la mère de Lisa.

De l'autre côté de la pièce, sur la table, il y avait une crèche. Les petits personnages à l'intérieur de l'étable ressemblaient à la scène du spectacle de Noël.

Les enfants étaient debout devant la crèche. Le père de Lisa leur a dit : « Nous aimons avoir un instant de calme devant la crèche. Les rois mages, les bergers et les animaux sont restés debout dans l'étable en silence en se posant des questions sur le Prince de la paix. En nous recueillant devant la crèche, nous nous souvenons que Dieu nous a demandé d'être des artisans de la paix. »

« La chorale de notre église chantera une partie du Messie de Handel, la semaine prochaine, a ajouté Mme Patey. C'est une œuvre très connue qui a été écrite pour célébrer la vie de Jésus. Un des couplets parle de Jésus comme le Prince de la paix. »

Avant que Seth et Tahira rentrent à la maison, la mère de Lisa leur a offert une collation. Ils ont tous apprécié les confiseries de Noël que la famille de Lisa avait préparées. ❖

Écriture sainte
Ancien Testament

*C*ar un enfant nous est né, un fils nous est donné. Dieu lui a confié l'autorité. On lui donne ces titres : Conseiller merveilleux, Dieu fort, Père pour toujours, Prince de la paix.

Ésaïe 9. 5

Une crèche en bois

Parlons-en

❑ Dans cette histoire, il y a des tableaux, des illustrations et des photos qui représentent la naissance de Jésus. En quoi se ressemblent-ils ? De quelles manières montrent-ils l'importance de la naissance de l'enfant Jésus ?

❑ À Noël, les chrétiens pensent à la paix. Discute, avec tes camarades, des façons dont vous pouvez être artisans de la paix.

Activité créatrice

❑ Fais un dessin, écris un poème ou joue une saynète qui montre ce que ferait un artisan de la paix.

Réflexion

❑ Imagine que tu es Tahira ou Seth. Que penses-tu des célébrations auxquelles tu as assisté ?

La "maladie" de Daniel

En bref La famille de Daniel l'aide à résoudre un problème à l'école.

Daniel s'est retourné après avoir quitté l'école. Quand il s'est rendu compte qu'il n'était pas suivi, il a poussé un soupir de soulagement. Mais, c'était trop tôt. Trois garçons plus âgés qui lui rendaient la vie difficile, dévalaient un banc de neige.

« Où sont tes petites amies, Daniel ? » lui a crié un des garçons.

Daniel ne savait pas quoi faire. « Je ne sais pas. Je n'ai pas de petites amies », a-t-il dit tout confus.

« Tu ne sais pas ? » a répondu un autre garçon, en riant. Les garçons ont poussé Daniel par terre et lui ont enlevé son sac à dos. « Elles sont peut-être là-dedans ? » a dit l'un d'eux. Les garçons ont renversé tout ce qu'il y avait dans son sac.

« Non, arrêtez ça ! » a dit Daniel.

« Oh ! il va se mettre à pleurer. Le bébé va pleurer », a dit l'un d'eux d'un ton moqueur.

« On devrait tout remettre dedans », a dit un autre. Les garçons ont remis les affaires de Daniel dans son sac en y ajoutant beaucoup de neige.

Daniel ne pouvait rien faire. Il est resté assis sur le banc de neige en attendant que ça se termine. Quand il est enfin arrivé chez lui, il est allé directement dans sa chambre pour que sa mère ne voie pas ses affaires mouillées.

Le lendemain matin, la famille était réunie autour de la table pour le déjeuner et se demandait où était Daniel.

« Daniel, dépêche-toi, tu vas être en retard », lui a dit Mme Pellerin.

Quand Daniel est arrivé dans la cuisine, il n'était pas habillé.

« Qu'est-ce qu'il y a ? » a demandé sa mère.

« C'est mon estomac. Je ne me sens pas très bien, a répondu Daniel. Je ne peux pas aller à l'école. »

La mère de Daniel était inquiète. C'était la deuxième fois depuis les vacances de Noël que Daniel se plaignait de ne pas être en forme. La première fois que c'est arrivé, sa mère l'a surveillé pour s'assurer qu'il n'allait pas plus mal. Mais il avait l'air d'aller bien quand Seth est venu après l'école.

« D'accord, a répondu Mme Pellerin. Tu peux rester à la maison. Mais si ça continue, il faudra que je t'emmène chez le médecin. »

En milieu de matinée, Daniel jouait à l'ordinateur, et un peu plus tard, il s'amusait avec le chien. Quand elle l'a vu finir toute son assiette le midi, Mme Pellerin a été convaincue que Daniel n'était pas malade. Après l'école, Seth est venu chez lui. Quand Daniel lui a demandé s'il pouvait aller jouer chez Seth, Mme Pellerin n'a pas su quoi répondre. Elle a finalement accepté, mais à contre-cœur.

À l'heure du repas, Mme Pellerin a téléphoné chez Seth pour dire qu'il était l'heure de rentrer. Mme Gellert, la mère de Seth a répondu.

« Bonjour Laura, a-t-elle dit. Nous avons invité Daniel à rester manger avec nous. Il allait justement vous appeler. »

« Eh bien, a commencé Mme Pellerin, Daniel n'est pas très en forme depuis quelques jours. Je suis un peu inquiète. Il n'est pas allé à l'école aujourd'hui. »

« Oh ! a dit Mme Gellert. Daniel a l'air de bien aller maintenant. D'après ce que j'entends, les deux garçons s'amusent beaucoup. Mais vous semblez inquiète ; venez donc prendre une tasse de thé un peu plus tard. J'ai peut-être ma petite idée sur les causes de la "maladie" de Daniel. »

En se dirigeant chez Seth plus tard dans la soirée, Mme Pellerin se demandait ce que Mme Gellert allait lui dire.

Elle a sans doute entendu parler d'un virus qui court à l'école, a-t-elle pensé.

Cependant, elle a été très surprise en écoutant Mme Gellert. Seth avait dit à sa mère que des grands garçons de l'école embêtaient Daniel. Seth a pensé qu'ils se moquaient de lui parce que Daniel passait beaucoup de temps avec Lisa et Tahira.

« Est-ce que Seth ne joue pas avec elles aussi ? a demandé Mme Pellerin. Est-ce qu'ils l'embêtent également ? »

« Non. Je crois qu'ils ont essayé mais Seth les a ignorés alors ils semblent le laisser tranquille maintenant, a répondu Mme Gellert. Seth veut aider Daniel mais il ne sait pas quoi faire. »

« Merci du renseignement. Je suis contente que Seth vous ait parlé, a dit Mme Pellerin en se levant. Je parlerai à Daniel ce soir. Nous pourrons peut-être régler ce problème ensemble. Une chose est sûre, ce n'est pas en restant à la maison que son problème se réglera. »

En arrivant à la maison, Mme Pellerin a raconté à son mari ce qui se passait. Ensemble, ils ont parlé à Daniel.

« Je sais qu'il t'est difficile d'en parler, Daniel, a dit sa mère. Mais tu as besoin d'aide et si tu ne nous en parles pas, nous ne pouvons pas t'aider. »

« Ça arrive à beaucoup de gens, mon fils. Ce n'est pas de ta faute », a dit son père.

Petit à petit, Daniel leur a raconté toute l'histoire. Ils ont décidé de parler à M. Poirier le lendemain.

« Je crois qu'il existe à l'école une stratégie contre l'intimidation », a dit Mme Pellerin. Avant d'aller au lit, la mère de Daniel l'a serré bien fort dans ses bras et lui a dit : « Ça va aller. »

Daniel espérait qu'elle avait raison. Il se sentait déjà mieux. Ça l'aidait déjà de pouvoir partager ses problèmes avec ses parents. ❖

Parlons-en

❑ Comment est-ce que Daniel pourrait faire arrêter l'intimidation ? Quels conseils lui donnerais-tu si tu étais son ami ? Comment la famille de Daniel l'a-t-elle aidé à faire face à l'intimidation ?

❑ As-tu déjà été victime d'intimidation ? Comment as-tu réagi ?

❑ De quelles façons les garçons et les filles peuvent-ils réagir à l'intimidation ? Comment les adultes peuvent-ils aider ?

Allons plus loin

❑ Dans la bibliothèque de l'école ou la bibliothèque municipale, recherche des livres ou des vidéos au sujet de l'intimidation. Partage ce que tu trouves avec tes camarades de classe.

Réflexion

❑ D'après toi, qu'est-ce que les religions enseigneraient au sujet de l'intimidation ? Pourquoi penses-tu ça ?

L'amitié de Ruth

En bref : Daniel apprend des choses au sujet de l'amitié et de la loyauté.

Chez les Pellerin, on discutait beaucoup des relations personnelles depuis quelques semaines. On encourageait Daniel à parler de l'intimidation dont il était victime à l'école. Daniel trouvait que c'était difficile d'en parler. Mais, il savait que sa famille essayait de l'aider. Son enseignant et ses amis l'aidaient aussi.

Il n'était plus très souvent victime d'intimidation maintenant. Daniel avait appris à rejoindre ses amis et ignorer les intimidateurs. Seth, Tahira et Lisa étaient à ses côtés. Il commençait à comprendre qu'il avait beaucoup de chance d'avoir de si bons amis.

Puis, un matin pendant la méditation, la mère de Daniel a lu une histoire de la Bible, tirée du livre de Ruth, au sujet de l'amitié.

« Cette histoire parle d'une femme juive qui s'appelle Naomi, a dit Mme Pellerin. La belle-fille de Naomi, Ruth, n'était pas juive. Malheureusement, le mari de Naomi et le mari de Ruth étaient morts tous les

«...N'insiste pas pour que je t'abandonne...»
Ruth 1. 16

deux et Naomi se demandait ce qu'elle allait faire. Finalement, Naomi a décidé de rentrer à Bethléem, son village. Naomi a dit à Ruth qu'elle devrait retourner dans sa propre famille. Mais Ruth ne voulait pas être séparée de Naomi. Elle ne voulait pas la quitter même si cela voulait dire qu'elle devrait quitter sa maison et aller dans un autre pays. Écoutez bien. Je vais vous lire ce que Ruth a dit à Naomi », a dit Mme Pellerin.

Elle a lu cet extrait de la Bible :

Écriture sainte
Ancien Testament

...N'insiste pas pour que je t'abandonne et que je retourne chez moi. Là où tu iras, j'irai ; là où tu t'installeras, je m'installerai. Ton peuple sera mon peuple ; ton Dieu sera mon Dieu. Là où tu mourras, je mourrai, et c'est là que je serai enterrée.

Ruth 1. 16-17

Après la lecture, Mme Pellerin a dit : « Avec ses mots, Ruth exprimait des sentiments forts de loyauté et d'amitié envers Naomi. Ruth a dit à Naomi qu'elle était prête à quitter sa maison et sa famille pour rester avec elle.

« Cette lecture parle aussi de l'amitié, a dit Mme Pellerin. Il est important d'avoir un ami proche sur lequel on peut compter, quelqu'un qui vous soutiendra en toutes circonstances. Comme toi et Seth, a-t-elle dit en se tournant vers Daniel. Vous êtes de très bons amis. Vous faites beaucoup de choses ensemble et vous pouvez compter l'un sur l'autre si vous avez besoin d'aide. »

Après l'école ce jour-là, les Gellert qui étaient en voiture, ramenaient Daniel à la maison. Il était content que la journée d'école soit terminée. Il se sentait bien avec ses amis Seth et Ruth.

« Je dois m'arrêter à la poste, a dit M. Gellert. Ce ne sera pas long. »

« Eh ! Ruth », a dit Daniel quand M. Gellert était sorti. « Ce matin maman a lu une histoire de la Bible au sujet de quelqu'un qui s'appelle comme toi. »

« Est-ce que tu veux dire que tu as lu l'histoire de Ruth ? a-t-elle demandé. Mes parents m'ont appelée comme ça en son honneur. C'est aussi le prénom d'une très bonne amie de Toronto qui est morte juste avant ma naissance. »

M. Gellert a entendu la dernière partie de la conversation en montant dans la voiture. « C'est vrai, c'était une très bonne amie. Alors, quand notre fille est née, nous l'avons appelée Ruth en souvenir d'elle. »

La Bible

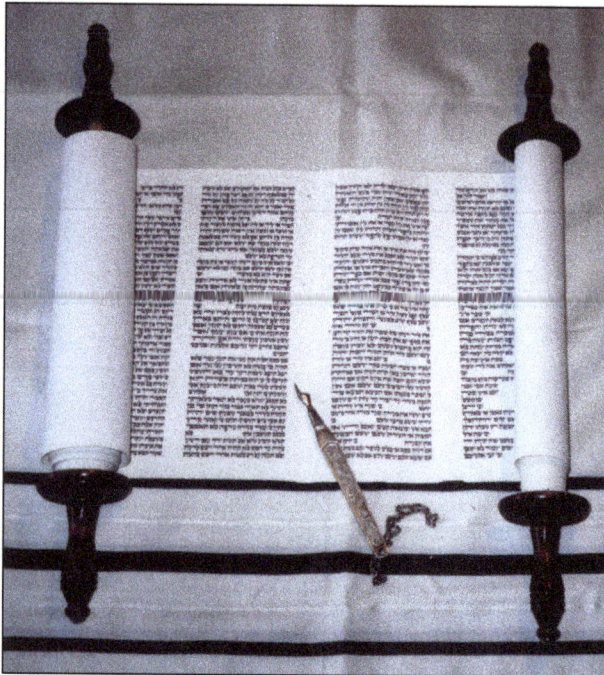

Les rouleaux de la Tora et la baguette. On utilise la baguette pour ne pas toucher les écritures saintes avec la main.

En rentrant à la maison, Daniel ne comprenait plus très bien. Il savait que les Gellert étaient juifs et il savait que ce n'était pas la même chose qu'être chrétien. Il a été surpris qu'ils connaissent le passage de la Bible que sa famille avait lu ce matin-là. Il était trop timide pour leur demander d'expliquer mais il allait demander à ses parents.

À table, Daniel a raconté la conversation qu'il avait eue dans la voiture des Gellert. Sa mère a expliqué que la communauté juive et la communauté chrétienne partagent une écriture sainte. Elle s'est souvenue en avoir parlé dans son groupe d'études bibliques. « Dans la religion juive, on appelle les écritures saintes la Bible ou le Tanak, a-t-elle dit. Le Tanak a été écrit en hébreu et les juifs le lisent toujours en hébreu.

« Pour les chrétiens, la Bible juive est appelée l'Ancien Testament. Il y a aussi le Nouveau Testament. Les deux ensemble forment la Bible des chrétiens. »

Daniel y a réfléchi un moment avant de dire : « Je suppose que l'histoire de Ruth vient de l'Ancien Testament. »

« Oui, exactement, a dit sa mère. Seth et sa famille lisent des histoires de la Bible que nous lisons aussi. C'est intéressant, n'est-ce pas ? » ❖

Ruth et Naomi, 1999, Naomi Spiers

Parlons-en

❑ Naomi et Ruth ont dû faire des choix difficiles. Lesquels ?

❑ Comment Naomi et Ruth ont-t-elles démontré leur amitié ?

❑ La loyauté fait partie de l'amitié. Que veut dire être loyal ? De quelle manière les amis de Daniel lui montrent-ils leur loyauté ? Peux-tu donner des exemples de loyauté ?

Allons plus loin

❑ Comme beaucoup d'autres prénoms, celui de Ruth vient de la Bible. On l'a appelée ainsi en souvenir d'une amie de la famille. Certains prénoms ont une signification particulière, d'autres sont tirés de la nature et d'autres encore sont transmis d'une génération à l'autre. Sais-tu d'où vient ton prénom ? Essaie de savoir pourquoi on t'a donné ce prénom. Est-ce que ton prénom a une signification particulière ?

Une fête chrétienne de la lumière

En bref   La classe de M. Poirier découvre une célébration chrétienne.

Le 2 février, M. Poirier est entré dans la classe avec un grand sourire. Il faisait un soleil superbe. « Quel temps superbe ! a-t-il dit. Savez-vous quel jour nous sommes ? »

Terre-Neuve-et-Labrador

Océan Atlantique

Labrador
• Labrador City

Red Bay
Point Amour

Détroit de Belle Isle

• St. Anthony

Terre-Neuve
St. John's

Tous les élèves ont répondu : « Le jour de la marmotte. »

« C'est ça, a-t-il dit. Alors peut-être que ce n'est pas une bonne chose de voir le soleil aujourd'hui ? »

« Pourquoi pas ? » ont demandé quelques élèves.

Il y a eu une pause. Puis Seth a dit : « Parce que lorsque la marmotte sort de son terrier et voit son ombre, elle rentre rapidement à l'intérieur et on a encore six semaines d'hiver. »

« Mais il n'y a pas de marmottes sur l'île de Terre-Neuve », a fait remarquer Lisa.

« Tu as raison, a dit M. Poirier. Mais il y en a tout près d'ici. »

Daniel a levé le bras. « Je sais où il y en a, s'est-il exclamé. Il y en a au Labrador. J'en ai vu près du phare de Point Amour quand nous sommes allés visiter ma tante Lydia à Red Bay. »

« C'est bien, Daniel ! Monsieur Poirier a souri en hochant la tête. On dirait que les marmottes du Labrador vont voir leur ombre aujourd'hui. »

« Est-ce que vous savez qu'aujourd'hui, ce n'est pas seulement le jour de la marmotte ? a continué M. Poirier. C'est aussi la fête chrétienne de la Chandeleur. Cette fête célèbre la présentation de Jésus au temple. »

M. Poirier a continué : « La Bible dit qu'exactement quarante jours après la naissance de Jésus, sa mère Marie l'a emmené au temple pour remercier Dieu. Si vous comptez bien, vous verrez qu'il y a exactement quarante jours, c'était Noël.

❖ ❖ ❖

Israël, ton peuple

Dans ce passage de l'Évangile selon Luc, Siméon parle des juifs.

« Pendant qu'ils étaient au temple, un très vieil homme pieux, qui s'appelait Siméon, a reconnu Jésus comme le Messie. Il a pris l'enfant dans ses bras et a loué Dieu, puis il a déclaré que cet enfant serait la lumière du monde. Ses mots se trouvent dans l'Évangile selon Luc. Écoutez bien ce passage que je vais vous lire :

Écriture sainte
Nouveau Testament

« *M*aintenant, Seigneur, tu as réalisé ta promesse : tu peux laisser ton serviteur mourir en paix. Car j'ai vu de mes propres yeux ton salut, ce salut que tu as préparé devant tous les peuples : c'est la lumière qui te fera connaître aux nations du monde et qui sera la gloire d'**Israël, ton peuple**. »

Luc 2. 29-32

La présentation de Jésus au temple, 1440-1441, Fra Angelico

Relis l'écriture sainte de la page 93. Qu'a fait l'artiste dans ce tableau pour montrer que Jésus était un bébé différent des autres ?

« Siméon était un vieil homme et il se sentait maintenant prêt à mourir. Il avait vu l'enfant Jésus et pensait que celui-ci faisait partie du plan de Dieu pour apporter le salut à tous les gens.

« Après cette lecture, vous comprenez pourquoi les chandelles sont aussi importantes pour les chrétiens. Ils croient, comme l'a dit Siméon, que Jésus-Christ est la lumière du monde. Il est donc normal que certains célèbrent ce jour en allumant des chandelles. Ils pensent que lorsqu'ils font entrer Jésus dans leur vie, ils apportent la lumière dans le monde. Les chandelles symbolisent la lumière de Jésus et l'espoir du salut qu'il représente. »

« Y a-t-il un rapport entre la Chandeleur et le jour de la marmotte ? » a demandé Tahira.

« Eh bien, a répondu M. Poirier, il y avait une tradition à la Chandeleur. Les gens emmenaient leurs chandelles à l'église pour les faire bénir. Il y a aussi plusieurs dictons qui se rapportent au temps, tout comme le jour de la marmotte. En voici un : "À la Chandleur, la neige est à sa hauteur." »

Siméon savait que Jésus était un bébé très différent des autres.

Terre-Neuve-et-Labrador

Labrador

Océan Atlantique

St. Anthony

Terre-Neuve
—Port-au-Port

St. John's

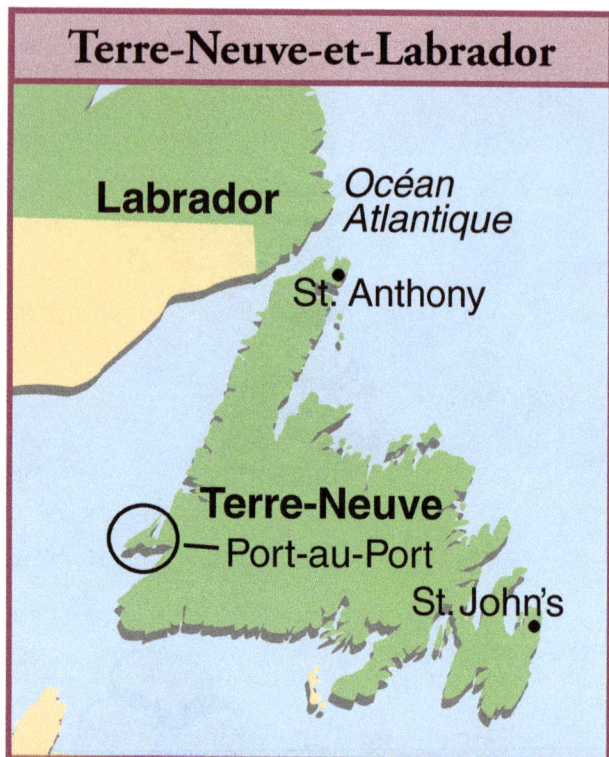

Cette carte montre où se situe la péninsule de Port-au-Port. Cette région faisait autrefois partie de ce qu'on appelait la côte française.

À la fin de la journée, quand les enfants étaient prêts à partir, M. Poirier leur a dit : « J'ai encore une chose à vous dire que j'ai gardée pour la fin, pour ne pas vous mettre l'eau à la bouche ! Dans la péninsule de Port-au-Port, à Terre-Neuve-et-Labrador et dans d'autres régions francophones au monde, on fête la Chandeleur. Les gens mangent des crêpes qui sont censées leur apporter de la chance le reste de l'année. Il y a un autre dicton à ce sujet : "Manger des crêpes à la Chandeleur apporte un an de bonheur." »

« Alors plusieurs personnes mangeront des crêpes ce soir », a dit M. Poirier pour terminer.

En sortant de la classe, Lisa s'est demandé : « Est-ce que les crêpes ressemblent à celles que nous mangeons pour Mardi gras ? Maintenant que je sais ce qu'est la Chandeleur, je vais demander à ma mère si nous pouvons allumer des chandelles ce soir. » ❖

Des crêpes

Un autel chrétien décoré avec des chandelles.

Parlons-en

❑ Siméon a dit que Jésus serait la lumière du monde. Qu'est-ce qu'il a voulu dire ?

❑ Pourquoi est-ce que la Chandeleur est un nom approprié pour cette célébration chrétienne ?

❑ Que fais-tu et que font les autres pour apporter la lumière au monde ?

Allons plus loin

❑ Regarde la page 11 de nouveau et relis l'écriture sainte sur cette page. Relis maintenant l'écriture sainte de la page 93. De qui ces deux textes parlent-ils ? Est-ce que cela te donne une idée sur l'importance de la lumière comme symbole pour les chrétiens ?

Des préparatifs pour une fête importante

En bref   Lisa découvre la signification de Mardi gras et du carême.

Un lundi après-midi, Lisa et ses amis rentraient de l'école à pied. Ils parlaient des projets de leurs familles pour les vacances de Pâques. Le groupe s'est dispersé petit à petit et finalement Lisa s'est retrouvée seule.

Je crois que la marmotte avait raison, a-t-elle pensé en se frayant un chemin dans la neige pour rentrer à la maison. Il était difficile de croire que l'hiver était presque terminé. Pourtant le lendemain serait Mardi gras, une preuve que le printemps allait venir.

Le lendemain matin, en partant à l'école, Lisa a demandé : « Maman, mangerons-nous des crêpes ce soir ? »

« Bien sûr, a répondu sa mère, et tu pourras m'aider à les faire. »

Comme d'habitude, Lisa est allée chercher Tahira et elles sont parties à l'école ensemble.

« Nous mangeons des crêpes ce soir, a dit Lisa à Tahira. C'est Mardi gras. »

« Mardi gras ? a demandé Tahira. Qu'est-ce que c'est ? »

Lisa s'est rendu compte qu'elle ne connaissait pas la signification de Mardi gras. « Il faut que je demande à Maman », a-t-elle dit. La mère de Lisa faisait partie du **comité laïque** à l'église. Lisa savait qu'elle aurait la réponse.

Quand elle est arrivée à la maison cet après-midi-là, les œufs, le lait, la farine et l'huile étaient déjà sur le comptoir. « Dès que tu seras prête, nous pourrons préparer la pâte », a dit Mme Patey.

Lisa aimait casser les œufs dans le grand bol que sa mère utilisait pour préparer les pâtes et le pain.

« Tout le monde mange des crêpes aujourd'hui. Pourquoi ? » a demandé Lisa.

La mère de Lisa a arrêté de battre les œufs. « En fait, c'est une tradition dans les familles chrétiennes avant le carême.

« Demain, le mercredi des Cendres, marquera le début du carême. La période de quarante jours entre le mercredi des Cendres et Pâques est importante pour les chrétiens. C'est une tradition pour certains chrétiens de jeûner pendant ces quarante jours. Ils le font parce que la Bible raconte que Jésus a jeûné pendant quarante jours dans le désert. »

Le comité laïque

Un groupe de membres de l'église qui prépare les célébrations et aide pendant les cérémonies.

Écriture sainte
Nouveau Testament

Ensuite l'Esprit de Dieu conduisit Jésus dans le désert pour qu'il y soit tenté par le diable. Après avoir passé quarante jours et quarante nuits sans manger, Jésus eut faim.

Matthieu 4. 1-2

« Est-ce que tu veux dire qu'ils ne mangeaient pas pendant la journée, comme la mère de Tahira pendant le Ramadan ? » a demandé Lisa.

« En quelque sorte. Il y a différentes façons de jeûner. Autrefois, pendant le carême, les chrétiens ne mangeaient ni œufs, ni viande, ni lait, ni graisse, a expliqué sa mère. Alors c'était la tradition pour Mardi gras d'utiliser tous les œufs et le lait dans la maison en faisant des crêpes. Dans certains endroits, c'est encore la tradition de faire une grande fête pour marquer le début du carême. C'est Mardi gras ou le Carnaval, ou *Shrove Tuesday* comme on l'appelle dans certains pays anglophones. Le mot carnaval vient du latin et veut dire "Adieu à la chair" car les gens ne mangeaient pas de viande pendant le carême. »

« Et Shrove Tuesday, est-ce que ça veut dire la même chose ? » a demandé Lisa.

« Autrefois, le mardi avant le mercredi des Cendres, les gens allaient à l'église et confessaient leurs péchés au prêtre. S'ils se repentaient, ils recevaient le pardon de Dieu. Le mot "shrove" veut dire confession en anglais. Alors, ils pouvaient commencer le carême avec une bonne conscience. »

Lisa a continué à réfléchir au carême en mettant la table. Tout le monde s'est assis. La famille se régalait des crêpes et la discussion sur le carême a continué.

Mathieu, le frère de Lisa était aussi curieux qu'elle.

« Alors, pourquoi est-ce que demain s'appelle le mercredi des Cendres ? » a demandé Mathieu.

« D'après ce que je comprends, ça vient d'une tradition que quelques églises chrétiennes pratiquent toujours, a expliqué M. Patey. Pendant la cérémonie du mercredi des Cendres, le prêtre fait une marque avec des cendres sur le front des gens qui sont dans l'église. »

« Des cendres ? Pourquoi ? » a demandé Lisa en versant du sirop sur sa troisième crêpe.

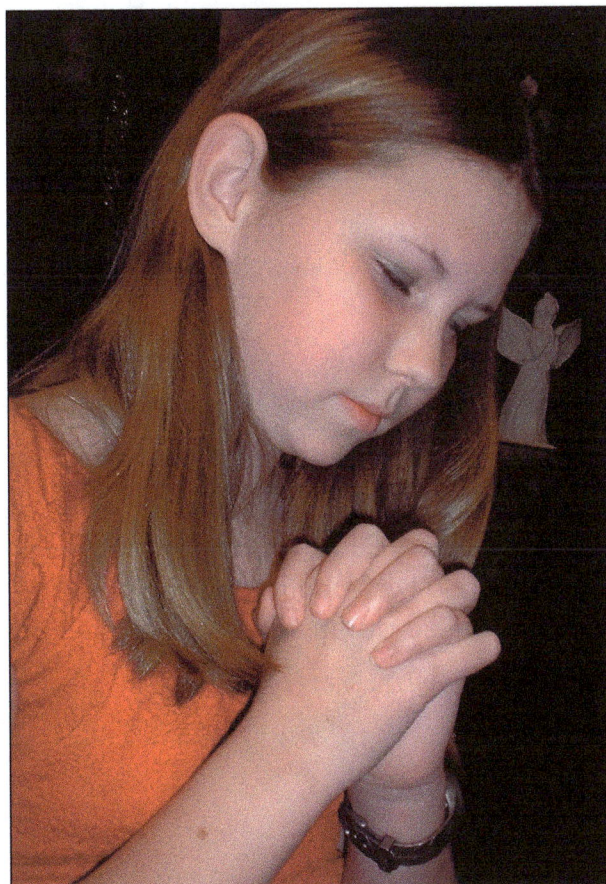

Pour beaucoup de chrétiens, le carême est une période de prière et de réflexion.

Écriture sainte
Ancien Testament

*E*lle répandit des cendres sur sa tête et déchira sa belle tunique. Elle mit sa main sur son visage et s'en alla en poussant des cris.

2 Samuel 13. 19

La repentance

C'est lorsque l'on montre de la peine ou du regret à cause de quelque chose que l'on a fait.

« C'était la tradition de symboliser les périodes de jeûne, de **repentance** et de tristesse en mettant des cendres sur le front des gens qui étaient à l'église », a répondu son père.

« En fait, c'était une tradition juive que les chrétiens ont adoptée, a dit Mme Patey. En mettant des cendres sur le front au début du carême, les chrétiens montrent qu'ils commencent à penser aux mauvaises actions qu'ils ont commises pendant l'année. C'est aussi un moment où ils veulent montrer qu'ils sont prêts à corriger ces erreurs en se préparant à se souvenir de la mort et de la résurrection de Jésus. »

« Qu'est-ce que nous faisons pour nous préparer à la fête de Pâques ? » a demandé Mathieu.

« Quand nous étions jeunes, nous arrêtions de manger du chocolat et des bonbons. De nos jours nous faisons plus attention à la santé, nous ne mangeons pas beaucoup de bonbons, mais je suis certaine que nous pouvons faire autre chose pour observer le carême », a expliqué Mme Patey.

« Je crois que nous devrions faire quelque chose pour aider les autres et montrer que nous croyons en un Dieu qui est bon, a dit M. Patey. Une des choses importantes que Jésus a enseignées, c'est qu'on devrait partager ce qu'on a avec ceux qui sont moins chanceux. »

Il s'est levé de table et a commencé à chercher dans les papiers sur le comptoir de la cuisine.

« Ah ! Voilà, le bulletin de l'église propose une liste de choses que nous pouvons faire pendant le carême. Peut-être que nous pouvons en choisir quelques-unes. » M. Patey a lu la liste de suggestions :

Suggestions pour le carême

- Nettoyez vos garde-robes et donnez les vêtements que vous n'utilisez plus.

- Organisez une collecte de nourriture pour une banque alimentaire.

- Parlez à quelqu'un à qui vous n'avez pas parlé depuis longtemps.

- Empêchez-vous de dire du mal des gens.

- Pardonnez à quelqu'un qui vous a blessé.

- Faites des bretzels. Il y a longtemps, les gens faisaient de la pâte en forme de deux bras croisés pour se souvenir de prier.

- Rendez visite à quelqu'un qui vit seul.

- Faites des **brioches du Vendredi saint** et offrez-les à un voisin.

Les brioches du Vendredi saint

Les brioches du Vendredi saint

Ce sont des petits pains épicés sur lesquels il y a une croix en souvenir de la mort du Christ. On les mange pendant le carême et surtout le Vendredi saint.

« Voilà de bonnes idées », dit-il en posant son papier, « et je suis certain que l'on peut en trouver d'autres. » ❖

Un prêtre met des cendres sur le front d'un enfant.

Parlons-en

❑ Le carême est une période importante dans la vie de la plupart des chrétiens de Terre-Neuve-et-Labrador. Quelles sont les traditions du carême que les chrétiens dans ton entourage observent toujours ?

❑ Qu'est-ce que Lisa a appris au sujet du Mardi gras et du carême ?

Réflexion

❑ Le carême est une période pendant laquelle les chrétiens réfléchissent aux erreurs qu'ils ont faites. C'est peut-être aussi le bon moment pour eux d'exprimer des sentiments à ce sujet. Réfléchis à un moment où tu as regretté quelque chose que tu as fait. Comment as-tu exprimé ce regret ?

❑ De quelles manières pouvons-nous montrer que nous regrettons d'avoir fait quelque chose de mal ?

Pourim

En bref
Seth et sa famille célèbrent la fête juive de Pourim.

« Seth ! Seth ! a appelé M. Poirier. Je te parle, qu'est-ce qui t'arrive ? Tu es dans la lune cet après-midi. »

Seth a rougi. « Désolé », a-t-il dit.

C'était vrai. Aujourd'hui, Seth avait des difficultés à se concentrer sur ce qui se passait dans la classe. Il pensait à ce qui se passerait chez lui ce soir-là. Son oncle Max venait à St. Anthony en voyage d'affaires. Sa tante Adèle et ses cousins, Jonas et Sara, venaient avec lui pour célébrer la fête de **Pourim** tous ensemble. Pourim est une des fêtes juives les plus joyeuses. Hier soir, Seth et ses cousins avaient fabriqué des crécelles ou des *graggers* pour cette célébration.

Quand la famille de Seth vivait à Toronto, ils célébraient Pourim dans la **synagogue** ou *shul*. C'était un grand événement. En fait, c'étaient ses meilleurs souvenirs de la synagogue. Il n'y avait pas de synagogue à St. Anthony et Seth se demandait comment ils célébreraient Pourim chez eux ce soir.

❖ ❖ ❖

Pourim
(pou rim)

Pourim est une fête juive très animée. Elle rappelle une grande victoire du bien sur le mal. L'histoire est racontée dans la Bible, dans le livre d'Esther.

Synagogue

Lieu de culte où les juifs étudient et prient. On l'appelle parfois shul.

105

Quand Seth est arrivé à la maison, sa mère et sa sœur fouillaient dans le grenier pour trouver de vieux vêtements. Seth a choisi un vieux pantalon. « Qu'est-ce qu'on fait avec ça ? » a-t-il demandé.

« Tu te souviens, a répondu Ruth, nous nous costumons toujours à Pourim et nous faisons une pièce de théâtre sur la vie d'Esther. »

« Je me souviens de ces délicieux biscuits, a dit Seth. Est-ce que je peux en prendre ? » Il avait très faim car il n'avait pas beaucoup mangé ce jour-là. La famille avait décidé qu'elle mangerait moins pour la journée en mémoire du jeûne d'Esther, l'héroïne de l'histoire de Pourim.

« Oh ! Nous mangerons des biscuits plus tard, a dit sa mère en souriant. Tante Adèle en fait en ce moment. »

Les deux familles allaient faire, à la maison, des activités qui ont généralement lieu à la synagogue pendant la célébration de Pourim. Plus important encore, ils liraient l'histoire d'Esther.

La famille de Seth cherche des costumes pour célébrer Pourim.

Plus tard, Seth a demandé à Ruth de lui rappeler les raisons de la fête de Pourim.

« Pourquoi est-ce qu'Esther est si importante ? » a-t-il demandé.

« C'est un exemple pour tous les juifs car elle est restée loyale à Dieu et ses enseignements. Le roi de Perse l'a choisie comme reine. Elle est restée fidèle à la religion juive et elle n'a pas oublié son peuple ni sa religion. Plus tard, elle s'est rendu compte que l'assistant du roi avait l'intention de tuer tous les juifs. Te souviens-tu du nom de cet homme ? »

« C'est le méchant Haman, n'est-ce pas ? C'est celui dont nous essayons de ne pas entendre le nom en faisant du bruit, a

répondu Seth. Je crois que son oncle Mordecai a aidé Esther, n'est-ce pas ? »

« Oui, tout à fait. Mordecai lui a conseillé de garder le secret de sa religion juive. Haman détestait Mordecai qui refusait de respecter son autorité. Haman était si fâché qu'il menaçait de tuer non seulement Mordecai, mais aussi tous les autres juifs de Perse. Il a **tiré à la courte paille** pour décider du jour où ça arriverait. »

♦ ♦ ♦

Tirer à la courte paille

C'est utiliser des objets pour prendre une décision. On utilise parfois des pailles. Toutes les pailles sont de la même longueur sauf une. Celui qui choisit la paille la plus courte est la personne choisie. Le mot hébreu Pourim veut dire « la courte paille ».

Seth et sa famille se costument pour Pourim et mettent en scène une partie de l'histoire d'Esther.

« Mais ça ne s'est pas passé comme ça, n'est-ce pas ? » s'est souvenu Seth.

« Non. Elle a couru le risque de perdre sa propre vie, mais Esther a parlé au roi du plan de Haman et ce dernier a été exécuté. »

❖ ❖ ❖

Rouleau

Quand quelque chose est écrit sur un rouleau de parchemin, on l'appelle un rouleau.

« Alors Esther est une véritable héroïne pour le peuple juif », a conclu Seth.

Au début de la soirée, les enfants se sont costumés pour représenter les personnages de l'histoire d'Esther. Tout le monde attendait avec impatience que l'oncle Max lise l'histoire d'Esther. Même si Esther est un livre dans la Bible hébraïque, l'oncle Max a lu l'histoire qui était écrite sur un **rouleau**, le rouleau d'Esther. Ce rouleau, sur lequel c'était écrit en hébreu, était dans la famille depuis des années.

Le rouleau d'Esther

Seth écoutait son oncle lire et tenait sa crécelle prête dans sa main. Il attendait qu'il prononce le nom de Haman. Il a repensé à la première fois où il a entendu cette histoire d'Esther dans la synagogue. Il s'est souvenu du bruit que tout le monde faisait chaque fois que le nom du méchant Haman était prononcé.

Maintenant, chaque fois que l'oncle Max lisait le nom de Haman, tout le monde huait, tapait des pieds et faisait tourner sa crécelle. C'est ainsi que la famille a joyeusement célébré le triomphe du bien sur le mal et a commémoré la victoire des juifs de la Perse ancienne.

Même après la fin de la lecture, le groupe a continué à être bruyant. Il y avait beaucoup de rires et les enfants ont continué à jouer avec leurs crécelles. Oncle Max est intervenu et a demandé un moment de silence. « Nous devons nous souvenir de l'exemple de Mordecai et d'Esther. Ils ont été courageux et ils ont refusé de se courber devant Haman. Gardons le silence pendant un moment et souvenons-nous de ceux de nos familles qui ont souffert et sont morts parce qu'ils étaient juifs. »

Après le moment de silence, la mère de Seth a annoncé : « Il est temps de goûter aux *hamantaschen.* » Elle a apporté une assiette de biscuits en forme de triangles fourrés de différentes sortes de fruit. La forme triangulaire représentait le chapeau à trois coins de Haman. Seth et ses cousins ont regardé attentivement avant de choisir le biscuit fourré avec leur fruit préféré. ❖

Une crécelle

Hamantaschen
(a mène ta chène)

Des enfants se costument pour l'histoire d'Esther.

La célébration de Pourim

Parlons-en

❑ Pendant la célébration de Pourim, les juifs célèbrent la bravoure et le courage d'Esther. Comment est-ce qu'Esther montre sa bravoure et son courage ?

❑ On décrit Pourim comme l'une des plus joyeuses fêtes du calendrier juif. D'après toi, pourquoi est-ce une fête si joyeuse ?

Retour en arrière

Dans cette partie, on parle de l'amitié et de la compassion. Il y a beaucoup d'exemples de gens qui s'occupent des autres. Lis les phrases ci-dessous et dis à quelles histoires elles te font penser.

Quelles sont les caractéristiques d'un bon ami ? Écris un paragraphe dans lequel tu expliqueras ce qu'est un bon ami pour toi. Peux-tu améliorer ta façon de montrer ton amitié aux autres ?

- Certains enfants s'occupent des animaux.

- Siméon prend Jésus dans ses bras et déclare que Jésus va éclairer le chemin pour les peuples.

- Des amis aident quelqu'un en difficulté.

- Des amis se retrouvent dans le sous-sol d'une église pour regarder un spectacle.

- Une famille se retrouve pour partager des célébrations.

- Des familles en invitent d'autres à partager une fête.

- Par amour, une femme refuse de laisser sa belle-mère.

Les règles, les traditions et les promesses

Troisième partie

La règle d'or

En bref   La mère de Lisa l'aide à se souvenir d'une leçon importante de Jésus.

Généralement, Lisa, Tahira, Daniel et Seth s'entendaient très bien. Ils passaient beaucoup de temps ensemble à l'école mais aussi après l'école et pendant les fins de semaine. Leurs parents aussi étaient amis. Mais, depuis environ une semaine, quelque chose n'allait pas aussi bien que d'habitude. La maman de Lisa l'avait remarqué. En voyant Lisa rentrer de l'école toute seule de nouveau ce vendredi-là, elle a décidé de lui poser des questions.

« Je n'ai pas vu Tahira depuis plusieurs jours », a dit Mme Patey pendant que Lisa s'installait à la table de la cuisine pour goûter. « Il y a un moment qu'elle n'est pas venue ici. Est-ce qu'elle va bien ? »

Lisa savait qu'un jour ou l'autre sa mère poserait des questions au sujet de ses amis. « Eh bien, a-t-elle répondu en hésitant, nous ne sommes plus vraiment amies. »

Mme Patey était surprise. « Mais pourquoi ? s'est-elle exclamée. Vous vous entendiez si bien. Et Seth et Daniel ? »

« Ils ne me parlent plus non plus », a dit Lisa, les yeux remplis de larmes.

« Oh, ma chérie, je suis vraiment désolée », a dit sa mère en la serrant dans ses bras. « Est-ce que tu veux en parler avec moi ? »

En larmes, Lisa a raconté le problème. Tout avait commencé à l'école. Toute une semaine, pendant les classes d'enseignement religieux, les élèves avaient travaillé sur des projets en petits groupes. M. Poirier avait autorisé Daniel, Seth, Tahira et Lisa à travailler ensemble. Ils avaient choisi comme sujet les dix commandements. Lisa, Daniel et Seth connaissaient déjà un peu le sujet. Tahira ne connaissait rien et insistait pour qu'ils changent de sujet.

« Je me suis fâchée, a expliqué Lisa. J'avais déjà préparé la partie artistique pour ce sujet et c'était vraiment bien. Alors j'ai dit à Tahira qu'elle n'était pas d'ici. Elle n'est pas née ici et c'est pour ça qu'elle ne connaît pas ces choses-là. »

Lisa s'est essuyé les yeux. Sa mère lui a dit : « Continue Lisa. Qu'est-ce qui s'est passé après ça ? »

« Tahira a commencé à pleurer. Elle s'est levée et a quitté la salle. Elle ne voulait pas que les autres la voient pleurer. Je voulais aller lui parler mais je ne l'ai pas fait. Je ne voulais vraiment pas la blesser. »

« Et les garçons ? Pourquoi ne te parlent-ils plus ? » a continué la mère de Lisa.

« Pendant toute la semaine, nous avons essayé de décider qui ferait la présentation devant la classe. Nous avons commencé à nous disputer. Je crois que ça devrait être moi. J'ai fait presque tout le travail artistique. »

Lisa a raconté que tout le monde voulait faire la présentation. Ils ne pouvaient pas se mettre d'accord. Leur groupe avait l'air de se dissoudre.

Mme Patey a écouté Lisa. « C'est très difficile pour vous tous, a-t-elle dit. Mais il faut trouver une solution. Apparemment, tu as vraiment blessé Tahira en lui donnant l'impression d'être une étrangère. Il faut que vous trouviez une façon équitable de décider comment faire la présentation. Souviens-toi, ce sont tes amis. Que vas-tu faire pour vous réconcilier ? »

La règle d'or

LE CHRISTIANISME

Écriture sainte
Nouveau Testament

« *F*aites pour les autres tout ce que vous voulez qu'ils fassent pour vous : c'est là ce qu'enseignent les livres de la loi de Moïse et des Prophètes. »

Matthieu 7. 12

LE JUDAÏSME

Écriture sainte
Talmud

*C*e qui est détestable pour vous, ne faites pas aux autres.

Talmud

L'ISLAM

Écriture sainte

*A*ucun de vous ne croit jusqu'à ce que vous désiriez pour les autres ce que vous désirez pour vous-même.

Les paroles du prophète Mahomet dans les Hadiths.

« Je ne sais pas », a dit Lisa.

Il y a eu un silence. Puis Mme Patey a dit : « Je sais que tu as déjà entendu parler de la règle d'or. »

« Oui, a répondu Lisa. M. Poirier nous l'a enseignée : "Faites pour les autres tout ce que vous voulez qu'ils fassent pour vous." »

« C'est exact, a dit la maman de Lisa. Et la règle d'or, comme l'a dite Jésus, est le résumé du message des dix commandements. Elle fait partie de ce que Jésus nous enseigne. Les religions juive et musulmane l'enseignent aussi. Alors Seth et Tahira doivent connaître cette règle eux aussi. » Mme Patey a serré Lisa contre elle. « C'est étrange, non ? Vous travaillez sur les dix commandements et pourtant vous ignorez leur message. »

Lisa a fait oui de la tête. Elle pensait à ce que Tahira devait ressentir.

« Alors, qu'est-ce que tu vas faire ? » a demandé sa mère.

Lisa avait arrêté de pleurer. « Je ne sais pas. Mais je sais que si je suis la règle d'or, je pourrais être à nouveau avec mes amis », a-t-elle dit. ❖

❖ ❖ ❖

Le Talmud

Dans le Talmud, on peut lire différentes interprétations de la Bible hébraïque. C'est un guide pour la vie quotidienne.

Comme Lisa et Tahira, ces filles sont des amies qui ont des origines culturelles différentes.

Parlons-en

❑ Toutes les différentes religions du monde enseignent que les gens devraient aider les autres et prendre soin d'eux. La règle d'or nous montre comment nous pouvons le faire. Avec tes camarades, discutez des différentes façons dont vous pouvez appliquer la règle d'or. Et Lisa, comment pourrait-elle l'appliquer ?

Réflexion

❑ Pense à une fois où tu n'as pas été gentil ou que tu as donné l'impression à quelqu'un qu'il n'était pas le bienvenu. Et maintenant, pense à une fois où tu as été gentil ou que tu as fait sentir à quelqu'un qu'il était le bienvenu. Quelle action t'a donné le plus de satisfaction ? Pourquoi ?

Conseils du Coran

En bref Tahira découvre les lois qui guident les adeptes de l'islam.

Ce même vendredi après-midi, en rentrant de l'école, Tahira a demandé à sa mère si elle connaissait quelque chose au sujet des dix commandements.

« Bien sûr ma chérie, a répondu sa mère. Ce sont les règles que l'on suit dans les religions chrétienne et juive. Elles sont dans la Bible hébraïque ou l'Ancien Testament comme l'appellent les chrétiens. Dans le Coran il y aussi des règles de comportement. Elles ressemblent beaucoup aux dix commandements. Cherchons-les. »

Tahira a apporté le Coran à sa mère. C'était écrit en arabe. Elle avait appris un peu d'arabe avec sa mère et pouvait lire certaines **sourates** ou versets dans le livre saint. Sa mère a trouvé le passage et a commencé à le lire en arabe. Tahira n'a compris que quelques mots mais elle était heureuse d'entendre sa mère parler l'arabe. C'est la même langue que l'ange Gabriel avait utilisée pour parler à Mahomet, d'après les musulmans.

Une sourate
(sou rat)

Une sourate est un chapitre ou une partie du Coran. Il y a 114 sourates dans le Coran.

Quand sa mère a fini la lecture, elle a traduit certains versets en français pour Tahira.

« En tant que musulmans, nous devons vénérer un Dieu et un seul et pas d'objets. Nous devons respecter nos parents, vivre dans la pureté et nous ne devons pas tuer, a dit la Docteure Khan. Est-ce que tu vois les ressemblances avec les dix commandements ? »

« Oui, je vois », a dit Tahira.

« Est-ce que tu étudies les dix commandements à l'école ? » a demandé sa mère.

« Oui, en quelque sorte », a dit Tahira.

Tout à coup elle a tourné la tête. Elle n'a rien dit mais sa mère savait qu'il y avait

Écriture sainte
Coran

Adorez Allah et ne Lui donnez aucun associé sinon vous connaîtrez la disgrâce et la destitution. Votre seigneur a décrété que vous n'adorerez que lui et que vous agirez avec bonté envers (vos) père et mère. Vous ne leur direz aucun mot de mépris, vous ne les repousserez pas et vous les honorerez toujours.

Coran 17.22-23

Ne vous risquez à l'adultère car c'est un acte honteux et un mal, qui mène vers d'autres maux. Ne retirez pas la vie qu'Allah a rendue sacrée.

Coran 17.32-33

Voici le premier verset du Coran, écrit en arabe. Il rend hommage à Allah, le plus bienveillant et le plus miséricordieux.

quelque chose. Elle a posé sa main sur l'épaule de Tahira et elle a écouté sa fille raconter l'histoire du projet en enseignement religieux. Les larmes coulaient le long du visage de Tahira lorsqu'elle a parlé des mots blessants que Lisa lui avait dits.

« Et maintenant, on ne se parle plus », a ajouté Tahira.

« Oh, c'est très triste, a dit sa mère. Il va falloir trouver une solution avec Lisa. C'est ton amie. Je suis certaine qu'elle regrette de t'avoir donné l'impression que tu n'es pas d'ici. Mais tu ne le sauras pas si tu ne lui parles pas et si tu ne lui montres pas que tu peux lui pardonner. »

« Je veux le faire mais je ne sais pas comment », a répondu Tahira.

« Il y a un vers dans le Coran qui pourrait peut-être t'aider pendant que tu réfléchis. Je vais te le lire. Écoute bien. »

La mère de Tahira a ouvert le Coran une nouvelle fois et a commencé à lire en français.

Écriture sainte
Coran

*V*otre seigneur connaît le fond de vos cœurs. Si vous faites le bien, il pardonne à ceux qui se tournent vers lui encore et encore lorsqu'ils **se repentissent** sincèrement.

Coran 17.25

« Comme le montre ce verset, Allah pardonne si la personne est sincèrement désolée, a dit la Docteure Khan. Si Allah peut pardonner, tu peux pardonner toi aussi. Ce verset nous enseigne ce qui se fait et ne se fait pas. Si tu pardonnes à Lisa, tu feras ce qui est bien. Et, à chaque fois que nous faisons une bonne action, nous faisons le bien.

« Il restera à trouver des façons de coopérer et de finir le projet, a-t-elle continué. Tu sais, je pense que je me souviens d'une histoire qui parle d'un problème semblable. Le prophète Mahomet a trouvé une solution. Viens

❖ ❖ ❖

Se repentir
Regretter d'avoir fait quelque chose de mal

t'asseoir à côté de moi pendant que je te raconte cette histoire. »

Tahira s'est assise à côté de sa mère et a écouté.

« Une année, les habitants de La Mecque reconstruisaient la Sainte **Ka'ba**. Les musulmans croient que c'est le premier lieu de culte construit sur la Terre. La pierre noire sacrée, qui était généralement à l'intérieur de la Ka'ba, était gardée en lieu sûr, presque jusqu'à la fin de la reconstruction. Chacun des chefs qui représentaient les gens voulait avoir l'honneur de poser la pierre noire dans la Ka'ba. Ils ont commencé à se disputer. Finalement, ils se sont mis d'accord : c'est la première personne qui entrerait dans la Ka'ba le lendemain matin qui déciderait. C'est Mahomet qui est entré le premier dans la Ka'ba. Les gens ont été très contents quand ils l'ont vu entrer dans la maison d'Allah et ils ont crié d'une seule voix : "Voici, Al Amin, celui en qui on peut avoir confiance !" Ils ont déclaré qu'ils accepteraient la décision de Mahomet.

« Mahomet a fait mettre un drap blanc sur le sol et a demandé que la pierre noire soit placée au centre du drap. Ensuite, il a demandé aux responsables de s'avancer et de prendre chacun un coin du drap et de déposer ensemble la pierre noire dans son emplacement. Mahomet a ensuite consolidé la pierre pour qu'elle tienne en place. »

« C'était une bonne solution, a dit Tahira. Mahomet a été très sage de penser à ça. »

« Oui. Ne crois-tu pas que tes amis et toi pourriez trouver une façon de faire votre présentation qui serait satisfaisante pour tout le monde ? » a demandé sa mère.

« Sans doute », a dit Tahira en remettant le Coran à sa place. ❖

❖ ❖ ❖

La Ka'ba

C'est un bâtiment en forme de cube. Il est placé au centre de la grande place à La Mecque. Les musulmans essaient de faire un pèlerinage à La Mecque une fois dans leur vie.

Voici la Ka'ba pendant le Hajj ou pèlerinage. Comme tu vois, chaque année, un grand nombre de musulmans font ce pèlerinage.

L'amitié enrichit nos vies.

Parlons-en

❑ La Docteure Khan a raconté une histoire au sujet du prophète Mahomet qui a montré aux responsables comment coopérer. D'après toi, comment Tahira pourrait-elle utiliser cette histoire pour résoudre le problème qu'elle a avec ses amis ?

❑ Quelles lois Tahira a-t-elle découvertes grâce à sa mère ? Qu'est-ce qu'elles enseignent aux adeptes de l'islam ?

Réflexion

❑ Une partie de cette histoire parle du pardon. Est-ce que Tahira devrait pardonner à Lisa de l'avoir blessée ?

❑ As-tu déjà pardonné à quelqu'un qui t'a blessé en disant ou en faisant quelque chose ? Décris cette expérience. Pourquoi est-il important de pardonner ?

Tous ensemble

En bref

Les élèves découvrent les enseignements qui guident les chrétiens, les juifs et les musulmans.

Quand Tahira est arrivée à l'école lundi matin, elle a aperçu Lisa. Son amie était seule, à côté des élèves qui étaient près de la porte ; elle avait l'air de chercher quelqu'un. Dès que Lisa a aperçu Tahira, elle est venue vers elle en marchant lentement. Quand les filles se sont rencontrées, elles ont commencé à parler en même temps.

« Tahira, je suis désolée pour ce que j'ai dit. Je ne voulais pas te blesser. J'espère que tu pourras me pardonner. Je veux… »

« Lisa, ça m'a manqué de ne pas pouvoir te parler. J'espère… »

Tout à coup, les filles ont commencé à rire.

« Je ne voulais pas te blesser, a dit Lisa. J'espère que tu pourras me pardonner. »

« Je veux que nous redevenions amies », a dit Tahira.

Elles se sont dirigées vers l'école en souriant.

« Je crois que j'ai une solution pour que notre groupe présente les dix commandements et pour que tout le monde soit content. Nous avons vraiment beaucoup d'information. Nous pouvons partager cette présentation », a dit Tahira.

« C'est une excellente idée, a dit Lisa. Allons le dire aux garçons. Je pense que M. Poirier sera d'accord. »

Plus tard ce matin-là, pendant la classe d'enseignement religieux, les élèves ont décidé comment ils feraient leur présentation. Lisa et Seth raconteraient l'histoire des dix commandements que Dieu a donnés à Moïse. Pendant ce temps-là, Tahira et Daniel présenteraient la partie artistique. Puis, Daniel et Seth expliqueraient le sens des dix commandements. Ils expliqueraient leur importance pour le christianisme et le judaïsme. Tahira expliquerait les règles de l'islam et montrerait les ressemblances avec les dix commandements. Ils ont même prévu une fin originale.

Le jour de la présentation, Seth a commencé par dire que les Israélites, les ancêtres du peuple juif, ont reçu les dix commandements il y a des milliers d'années.

« Selon le livre de l'Exode dans la Bible, a dit Seth, les Israélites étaient esclaves en Égypte. Ces gens-là ont été forcés de faire des travaux très difficiles et s'ils ne faisaient pas ce qu'on leur disait, ils étaient battus. Ils se sont enfuis d'Égypte et ont marché dans le désert pendant trois mois. Finalement, après beaucoup de difficultés, ils sont arrivés au pied du Mont Sinaï. »

Seth s'est arrêté pendant que Daniel montrait sur une carte où se situe le Mont Sinaï.

« Le chef des Israélites s'appelait Moïse, a continué Lisa. Dieu l'a appelé pour qu'il monte en haut du Mont Sinaï. Pendant que Moïse grimpait, un orage a éclaté. Le tonnerre et les éclairs ont fait peur à tout le monde.

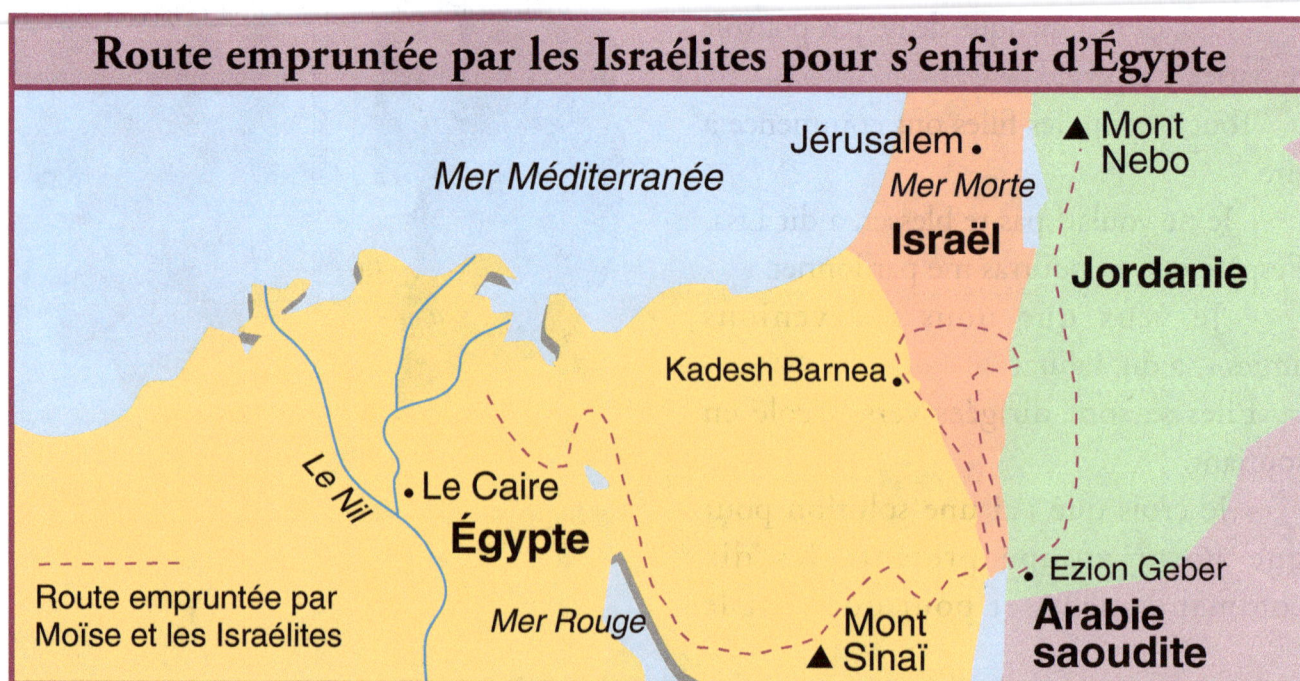

Route empruntée par les Israélites pour s'enfuir d'Égypte

Route empruntée par Moïse et les Israélites

« Cependant, Moïse était très courageux. Il a continué à grimper jusqu'en haut de la montagne. Au sommet, il a reçu deux tablettes en pierre sur lesquelles il y avait dix lois qui disaient aux Israélites comment ils devraient vivre. Ces lois s'appellent les dix commandements. Dieu a pris un engagement à travers Moïse. Il a promis que les Israélites seraient protégés et que l'on s'occuperait d'eux s'ils obéissaient aux commandements. »

Quand Lisa a terminé, Daniel et Tahira ont montré les tablettes en carton bristol où ils ont imprimé une version des dix commandements. Puis, Daniel et Seth les ont tous lus et ont expliqué ce qu'ils voulaient dire. Quelquefois, M. Poirier les aidait à expliquer.

« Les quatre premiers commandements parlent de notre relation avec Dieu, a dit Seth. Ils nous disent qu'il n'y a qu'un Dieu et que nous ne devrions pas vénérer des images mais seulement Dieu. »

« Le troisième dit qu'il faut respecter le nom de Dieu, a continué Daniel. Je crois que ça veut dire que nous ne devons pas blasphémer. »

« Les six autres commandements nous disent comment vivre avec les autres gens », a dit Seth.

« Que veut dire commettre l'adultère ? » a demandé Dorothée.

M. Poirier a répondu : « Ce commandement concerne le mariage. Quand les chrétiens se marient, ils promettent d'être fidèles à leur partenaire. L'adultère, c'est quand on n'est pas fidèle dans le mariage. »

Les dix commandements

- Je suis le Seigneur ton Dieu, c'est moi qui t'ai fait sortir d'Égypte où tu étais esclave. Tu n'adoreras pas d'autres dieux que moi.

- Tu ne te fabriqueras aucune image et tu n'adoreras pas de telles images.

- Tu ne prononceras pas mon nom de manière abusive.

- N'oublie jamais de me consacrer le jour du sabbat.

- Respecte ton père et ta mère.

- Tu ne commettras pas de meurtre.

- Tu ne commettras pas d'adultère.

- Tu ne commettras pas de vol.

- Tu ne prononceras pas de faux témoignage contre ton prochain.

- Tu ne convoiteras rien de ce qui appartient à ton prochain.

Voici les points les plus importants des dix commandements que l'on trouve dans Exode 20. 2-17.

Puis Tahira a montré quelques lois de l'islam. Il y a eu une discussion animée au sujet des similitudes entre les dix commandements et les lois islamiques.

« L'islam dit aussi que l'on doit respecter ses parents, que l'on ne doit pas adorer d'autres dieux, ni des images, ni commettre l'adultère. C'est comme dans les dix commandements », a fait remarquer Dorothée.

« Oui, et les deux disent qu'il ne faut pas tuer », a dit Seth.

« Vous avez raison Dorothée et Seth, a dit M. Poirier. Je suis vraiment content de vous voir réunir les enseignements des différentes religions. Merci beaucoup de votre présentation. Nous avons vraiment beaucoup appris. »

« Mais, nous n'avons pas terminé, a dit Daniel. Tahira a une suggestion. »

Tahira a dit : « Notre groupe a appris beaucoup de choses en faisant ce projet. Nous avons vu que les règles de nos religions peuvent nous aider à mieux vivre et à résoudre des problèmes. Nous aimerions que notre classe fasse une liste de dix règles qui nous aideront à mieux vivre ensemble dans notre école et là où nous vivons. »

« C'est une excellente idée, a dit M. Poirier. Nous parlerons de ces règles dans la prochaine classe d'enseignement religieux. » ❖

Moïse et les dix commandements, 1986, Gerald Squires

Le Mont Sinaï

Parlons-en

❏ Choisis quelques-uns des dix commandements et des lois de l'islam. Quel rapport ont-ils avec notre vie d'aujourd'hui ?

❏ Quelles lois de notre pays sont basées sur les dix commandements ?

❏ D'après toi, pourquoi faut-il des lois ou des règles pour que les gens vivent mieux ?

Allons plus loin

❏ Avec la classe, vous aurez peut-être envie de faire le projet que Tahira a suggéré. Fais ta propre liste de règles pour guider les gens dans ton école et dans ta communauté.

Dix règles

En bref

Les élèves de M. Poirier prennent des décisions et discutent de leurs conséquences.

En rentrant à pied de l'école cet après-midi-là, Lisa et Tahira parlaient de leur présentation.

« Je crois que ça a très bien marché, a dit Lisa. M. Poirier a aimé ton idée de préparer dix règles qui nous aideraient à mieux nous entendre à l'école et aussi dans notre communauté. »

Tahira était heureuse. « Il a aimé tes présentations artistiques Lisa, a-t-elle dit. Il va les afficher dans la classe. J'ai beaucoup appris pendant ce projet. Je ne connaissais pas les dix commandements. »

« Moi aussi, j'ai beaucoup appris, a dit Lisa. Je savais que les dix commandements dans la Bible étaient des règles pour guider le peuple de Dieu. Mais, je ne savais pas que les juifs croient que Dieu s'occupera d'eux s'ils suivent les commandements. Et je ne connaissais pas les lois islamiques. »

« Ça va être intéressant de faire nos propres règles », a dit Tahira.

Les jours suivants, pendant la classe d'enseignement religieux, les élèves de M. Poirier ont parlé des types de règles qui les aideraient à s'entendre quand ils sont à l'école mais aussi à la maison et partout dans la communauté.

M. Poirier a parlé des conséquences. Il a dit que nos actions ont toujours des conséquences. Elles sont parfois bonnes et parfois mauvaises, mais il y en a toujours.

« La Bible enseigne, a expliqué M. Poirier, que Dieu bénit ceux qui obéissent aux dix commandements. Beaucoup d'histoires de la Bible racontent ce qui arrive à ceux qui ne les suivent pas. Et nous savons bien que toutes nos actions ont des conséquences. »

« Monsieur, est-ce que vous voulez dire que c'est comme le jour où j'ai été interdit de sortir parce que je ne suis pas rentré à la maison directement après l'école ? » a demandé Daniel.

« Oui, c'est ça, a répondu M. Poirier. Quand vous écrirez vos dix règles, n'oubliez pas de penser aussi aux conséquences. »

Pendant les prochains jours, les élèves ont travaillé en groupes pour préparer les dix règles. À la fin de la semaine, chaque groupe a eu l'occasion de partager ses idées. M. Poirier a écrit toutes les suggestions au tableau.

« Mais il y a plus de dix règles ici », a dit Tahira.

« Oui, a dit M. Poirier. Et nous avons dit que nous en aurions seulement dix. Comment allons-nous les choisir ? »

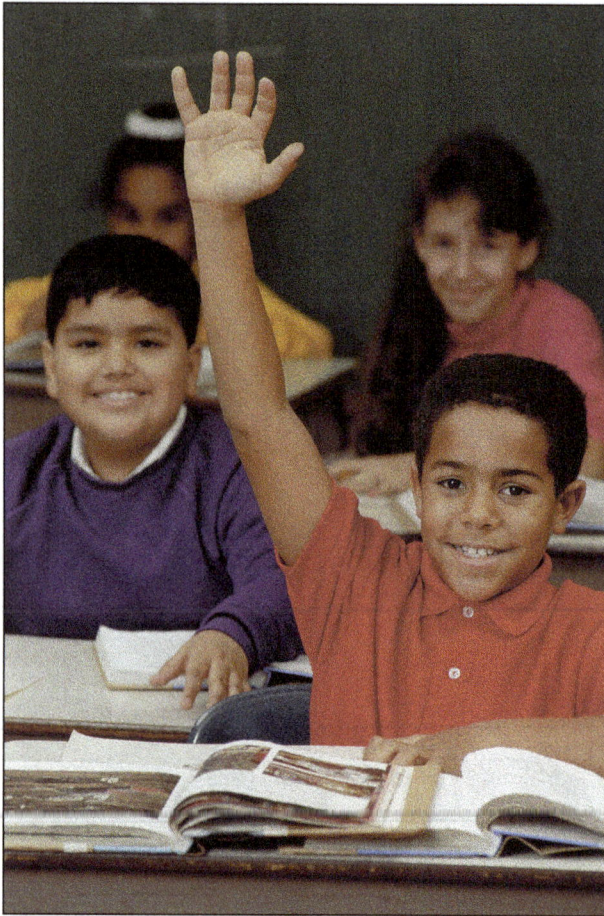

➡️ Il est important de partager ses idées lors des discussions en classe comme le font les jeunes dans la photo. Est-ce que les élèves de M. Poirier le font ? Comment le sais-tu ? Quel est le résultat ?

« Certaines se ressemblent, a dit Seth, on pourrait les combiner, mais il en resterait encore trop. »

« Je crois que nous devrions voter pour choisir les dix meilleures », a dit Dorothée.

« Bonne idée », a dit M. Poirier.

Après le choix des dix meilleures règles, Lisa et Tahira ont proposé de les écrire sur un tableau pour les afficher dans la classe. Elles étaient fières du rôle que leur groupe avait joué en encourageant la classe à formuler les dix règles. Tout le monde semblait penser que c'étaient de bonnes règles et qu'elles aideraient à prévenir la plupart des problèmes.

Lisa et Tahira décoraient le tableau et se demandaient quelles pourraient être les conséquences pour ceux qui ne suivraient pas ces règles.

« Tu sais, je crois que je me sentirais mal si je désobéissais à une de ces règles », a dit Tahira.

« Moi aussi, a dit Lisa. Et j'essaierais vraiment de ne pas refaire la même chose. »

« J'imagine que le fait de se sentir mal c'est une sorte de conséquence, a dit Tahira. La conséquence nous empêche de faire et refaire cette mauvaise chose. » ❖

Tu prendras soin de ton corps. Tu dormiras bien.

Dix règles

1. Tu seras ami avec tout le monde mais surtout ceux qui sont souvent laissés de côté.

2. Tu aideras les autres, surtout les plus jeunes élèves, les personnes âgées et les membres de ta famille.

3. Tu essaieras de comprendre le point de vue des autres.

4. Tu essaieras de ne pas blesser les autres et de ne pas les mettre en colère. Souviens-toi que les mots peuvent blesser aussi.

5. Tu écouteras bien, mais tu exprimeras aussi ton opinion. Quand tu as l'impression qu'il y a un problème, dis-le.

6. Tu respecteras l'école et la propriété privée. Tu feras attention aux choses. Tu feras attention au bâtiment et à l'équipement scolaire. Tu aideras les autres à ranger leurs affaires.

7. Tu traiteras l'environnement avec respect. Tu recycleras et tu ne pollueras pas.

8. Tu prendras soin de ton corps. Tu mangeras bien. Tu dormiras bien et tu feras beaucoup d'activités physiques.

9. Tu respecteras les autres, surtout ceux qui sont responsables de toi.

10. Tu demanderas de l'aide quand tu en auras besoin.

Toutes les religions nous apprennent qu'il faut aider les autres. Et toi, de quelle façon peux-tu aider quelqu'un ?

Parlons-en

❑ Choisis une des dix règles. Comment peut-elle être appliquée dans ton école ou ta communauté ? Par exemple, que peux-tu faire pour aider les élèves plus jeunes dans ton école ? Quand est-il important de demander de l'aide ? Qu'est-ce que c'est qu'être un bon ami ?

❑ La troisième règle dit : « Tu essaieras de comprendre le point de vue des autres ». Comment montrons-nous notre respect pour l'opinion d'une autre personne ?

Activité créatrice

❑ La quatrième règle dit : « Les mots peuvent blesser ». Ecoutez bien comment les élèves se parlent à l'école aujourd'hui. Entends-tu quelqu'un utiliser des mots blessants ? Entends-tu quelqu'un utiliser des mots gentils ? Avec un camarade, dessinez une affiche pour le couloir, qui encouragera les élèves à se parler gentiment.

Tenir une promesse

En bref — Le commandement « Respecte ton père et ta mère » aide Daniel à prendre une décision difficile.

Un après-midi au début du mois d'avril, Daniel est entré en courant dans la cuisine.

« Devine quoi, Papa ! » s'est-il exclamé, à peine capable de contrôler sa joie. « Marc m'a demandé d'aller avec lui à son chalet à Hare Bay pour la longue fin de semaine de mai. »

Marc était un cousin de Daniel. Il était un peu plus âgé que Daniel, mais les garçons partageaient tous les deux l'amour de la nature. Ils avaient l'intention d'aller pêcher et de faire une randonnée en forêt. S'il faisait beau, ils pourraient même faire une promenade en bateau avec le père de Marc.

« Je suis désolé, mon fils, a répondu son père. Nous rendrons visite à Tante Lydia à Red Bay. As-tu oublié ? »

Le sourire de Daniel a disparu. « Il n'y a rien à faire pour moi. Il n'y a personne de mon âge. On est assis et on parle, c'est tout ce qu'on fait là-bas. Tante Anne et Oncle Sylvain sont d'accord. Je peux aller avec eux à leur chalet. Vous ne pouvez pas aller à Red Bay sans moi ? »

« Je crois que tu oublies quelque chose », a dit le père de Daniel d'un ton très sérieux. « Te souviens-tu ? La semaine dernière nous avons discuté de responsabilité et de devoir. Tante Lydia vieillit. C'est la sœur de ta grand-mère. L'oncle Fred s'occupe d'elle, mais elle vit seule. Elle est trop vieille pour sortir seule, même si elle réussit à monter la côte à pied pour aller à la messe tous les dimanches. »

La mère de Daniel venait de rentrer. « En tant que famille, nous avons le devoir de nous occuper des personnes âgées. De plus, Tante Lydia est heureuse d'avoir des jeunes autour d'elle. Je suis certaine que tu lui manquerais beaucoup si tu ne venais pas, Daniel. »

« Souviens-toi, tu t'es engagé », a ajouté M. Pellerin.

Daniel n'a rien dit. L'excitation qu'il avait ressentie avait disparu. Maintenant il était frustré et malheureux. Il est allé dans sa chambre.

« Ce n'est pas juste ! Je ne peux jamais faire ce que je veux », a-t-il murmuré.

Il a claqué la porte de sa chambre et a donné un coup de pied dans la pile de magazines qui était posée par terre, puis il s'est assis sur son lit.

Un peu plus tard, il s'est senti mieux et a pensé à sa dernière visite chez Tante Lydia. Il s'est souvenu des histoires qu'elle avait racontées et des blagues qu'ils avaient partagées. C'était vrai que ses yeux s'illuminaient quand elle le voyait entrer. Il se souvenait aussi de sa tristesse au moment du départ.

Daniel et sa grand-tante Lydia partagent une histoire drôle.

Une des dernières choses que Tante Lydia lui avait dite à la fin de leur visite, c'était : « N'oublie pas ta grand-tante. J'espère te revoir bientôt. »

« Je n'oublierai pas. Je te le promets », avait répondu Daniel. Il lui avait donné sa parole. Il ne pouvait pas changer d'avis car il avait pris un engagement. Il ne pouvait pas laisser tomber Tante Lydia simplement parce qu'il voulait passer la fin de semaine avec Marc.

Il pensait au commandement « Respecte ton père et ta mère ». Il s'est rendu compte que ses parents avaient raison. Daniel savait ce qu'il devait faire. Il est retourné dans la cuisine et s'est dirigé vers le téléphone.

« Que fais-tu Daniel ? » lui a gentiment demandé sa mère.

« Je vais téléphoner à Marc et lui dire que je ne peux pas aller avec lui », a répondu Daniel.

Daniel savait que ses parents étaient heureux de sa décision.

« Tu sais Daniel, je crois que nous pouvons faire des choses intéressantes à Red Bay. Je suis certain que l'oncle Fred t'emmènera dans son bateau. »

« Ce serait parfait, a répondu Daniel. Te souviens-tu de la dernière fois où nous étions à Red Bay ? Tu as dit que tu m'emmènerais voir l'attelage de chiens de ton ami. »

« C'est vrai, a dit M. Pellerin. Et je viens d'apprendre qu'il y a des chiots, des huskies. » ❖

Les personnes âgées racontent souvent de merveilleuses histoires.

Parlons-en

❑ Comment Daniel applique-t-il le commandement : « Respecte ton père et ta mère » ?

❑ Daniel a dû changer ses plans. Souviens-toi d'une fois où, toi aussi, tu as dû changer tes plans pour faire ce que tes parents voulaient que tu fasses. Quelle a été ta réaction ? D'après toi, que ressent Daniel ?

Réflexion

❑ Cette histoire s'appelle « Tenir une promesse ». Pense à ce que Tante Lydia ressentira lorsqu'elle verra Daniel et ses parents. D'après toi, pourquoi est-il important d'essayer de tenir ses promesses ? Pense à une fois où quelqu'un a tenu une promesse qu'il t'avait faite, même si elle était difficile à tenir.

Un repas de fête juive

En bref Seth et sa famille se préparent à célébrer la Pâque.

« Vous savez quoi ? » a demandé Mme Gellert en rentrant à la maison avec un sac d'épiceries. « Je viens de rencontrer la famille Hoffman. Ils viennent d'arriver à St. Anthony. Ils sont de Montréal et le Docteur Hoffman travaillera à l'hôpital pendant quelques mois. C'est une famille juive alors je les ai invités à venir avec leurs enfants pour célébrer le *Seder* avec nous. »

« Formidable, Maman ! a dit Ruth. Nous aurons une autre famille juive avec nous à table. »

« Mais est-ce que je serai toujours le plus jeune ? » a demandé Seth.

« Oui, a répondu Mme Gellert en souriant. Les enfants Hoffman sont plus âgés. » Elle savait pourquoi Seth posait cette question. « Puisque tu seras le plus jeune, tu devras poser toutes les questions au sujet de la **Pâque**. »

Écriture sainte
Ancien Testament

« ...Au cours de cette fête, vous donnerez cette explication à vos enfants : "Nous agissons ainsi à cause de ce que le Seigneur a fait pour nous, lorsque nous avons quitté l'Égypte." »

Exode 13. 8

La Pâque

La Pâque est aussi connue sous son nom hébreu : *Pessah*. On célèbre cette fête avec une cérémonie à la maison, le Seder. Lors de la Pâque, les juifs se souviennent de l'Exode ou du départ d'Égypte de leurs ancêtres. Le repas de Pâque est un moment important du Seder.

Pessah
(pè sa)

Seth était heureux. Il attendait la Pâque avec impatience. Il gardait de bons souvenirs des autres Seders qu'il avait partagés avec sa famille. Il avait vraiment aimé poser les questions quand toute la famille était assise autour de la table.

Avant la Pâque, toute la famille Gellert a participé au nettoyage de la maison. Un jour, Ruth essuyait toutes les miettes de pain des placards quand son amie Stéphanie est venue la voir. Ruth lui a expliqué pourquoi elle nettoyait les placards.

« Nous allons bientôt célébrer la Pâque. Elle commencera demain avec le repas du Seder, a dit Ruth. Pendant la fête de la Pâque, nous ne pouvons pas manger d'aliments qui contiennent de la levure. Alors avant la Pâque, nous devons nous débarrasser de toute nourriture qui contient de la levure. Toutes les petites miettes qui sont dans les placards, les tiroirs et même le four doivent être enlevées. »

Pourquoi est-il si important pour les juifs de nettoyer la maison pour préparer la Pâque ?

Ruth a sorti une boîte du placard et l'a montrée à Stéphanie. La photo sur la boîte ressemblait à un grand biscuit.

« Voici de la *matsa*. C'est un pain spécial qui est préparé sans levure. On le mange pendant la Pâque. »

Stéphanie a eu l'air surprise. « Pourquoi ? » a-t-elle demandé.

« Quand nous mangeons la matsa, cela nous rappelle que nos ancêtres, les Israélites, ont quitté l'Égypte si rapidement qu'ils n'ont pas eu le temps de laisser lever le pain. »

« Pourquoi étaient-ils si pressés de quitter l'Égypte ? » a demandé Stéphanie.

* * *

La matsa
(mat za)
On dit aussi pain azyme.

Le pharaon
Le roi d'Égypte s'appelait le pharaon.

La peste
La peste est une maladie grave ou un désastre naturel.

« C'est l'histoire de l'Exode. C'est dans la Bible hébraïque. Nous célébrons la Pâque car les Israélites ont échappé à l'esclavage en Égypte il y a trois mille ans. Moïse était leur chef. Il a demandé au **pharaon** de laisser partir son peuple. D'abord, le pharaon a refusé. La Bible nous dit que Dieu l'a puni ; il a envoyé la **peste** pour que son peuple souffre. Ce fléau a tué tous les premiers-nés d'Égypte. Le pharaon a compris que s'il voulait sauver son peuple, il devait rendre la liberté à notre peuple et les autoriser à partir. »

« Pourquoi est-ce que ça s'appelle la Pâque ? »

Ruth connaissait la réponse : « Dans la Bible, on lit que Dieu a prévenu notre peuple que l'ange de la mort viendrait pour tuer les Égyptiens. Pour montrer qu'ils n'étaient pas Égyptiens, les gens de notre peuple devaient mettre du sang d'agneau sur leur porte. L'ange de la mort a vu ce symbole et il est passé devant sans s'arrêter. Pâque vient du mot hébraïque "pesah" qui veut dire "passer". »

Les filles ont continué à parler jusqu'à ce que Stéphanie rentre manger à la maison.

Après son départ, Mme Gellert a souri à sa fille. « Félicitations, Ruth, a-t-elle dit. Tu as très bien expliqué ce qu'est la Pâque. »

Le lendemain, la famille Gellert a commencé à préparer le Seder, qui marquerait le début de la Pâque au coucher du soleil ce soir-là.

Pendant la Pâque, on utilise des récipients et plats, des assiettes, des fourchettes, des cuillères et des couteaux spéciaux.

Ruth a aidé sa mère à les sortir et les nettoyer. Toute la famille a préparé la table. Ils en ont profité pour parler des aliments et des symboles du repas de la Pâque.

« C'est l'assiette du Seder », a dit Mme Gellert. Elle a mis une grande assiette décorée avec des lettres en hébreu au centre de la table. Cette assiette était séparée en plusieurs parties pour présenter les différents aliments du Seder. « Te souviens-tu de ce que l'on met sur l'assiette ? »

« Nous mettons des aliments qui nous rappellent la lutte des Israélites pour se libérer, a répondu Ruth. Chaque aliment a une signification différente. »

Seth a regardé sa mère. « Je t'ai aidée à couper les pommes et les noix pour le *charoset*, a-t-il dit. Je connais sa signification. Ça représente le mortier que les Israélites ont utilisé pour cimenter les briques du pharaon. »

❖ ❖ ❖

Le charoset

C'est un mélange de pommes coupées et de noix avec du miel et du vin. Le charoset représente le ciment que les Israélites ont utilisé pour construire des bâtiments pour les Égyptiens.

On utilise du vin, des fruits et des noix pour le Seder.

« C'est ça », a dit sa mère en déposant une cuillerée du mélange sur l'assiette du Seder. Puis elle a mis du raifort sur une autre partie de l'assiette.

« Voici les herbes amères, a dit Mme Gellert. Elles symbolisent le malheur que les Israélites ont éprouvé quand ils étaient esclaves en Égypte. L'eau salée que l'on place sur la table représente les larmes versées par le peuple pendant son malheur.

« Seth, que représente le brin de persil ? » a demandé Mme Gellert.

« Il symbolise le printemps et l'espoir d'une vie meilleure, a répondu Seth. Nous le plongeons dans l'eau salée pour rappeler les larmes des esclaves juifs. »

« Puis on place un œuf sur le plat, a dit Ruth. C'est un autre symbole du printemps et de la nouvelle vie. Il représente le cycle de la vie, de la naissance à la mort. » Ruth a mis un œuf à sa place sur l'assiette.

« Qu'est-ce que c'est ? » a demandé Seth lorsque sa mère posait le dernier symbole sur l'assiette du Seder.

« À certains Seders, nous avons mis un cou de dinde, mais on peut aussi mettre ça, c'est un os d'agneau, a répondu Mme Gellert. Ne t'inquiète pas, on ne le mange pas. C'est un symbole comme les autres aliments sur l'assiette. »

« Oui, je me souviens ! s'est exclamé Seth. C'est pour rappeler le sang de l'agneau qui était mis sur les portes pendant l'Exode. »

« Très bien, Seth », a dit son père.

Mme Gellert a regardé la table. « Il ne

reste plus qu'à mettre la matsa sur la table, a-t-elle dit. Je vais la couvrir avec un tissu. »

« Est-ce que tu vas cacher un morceau de matsa ? » a demandé Seth.

« Bien sûr, a répondu son père en souriant. Comme d'habitude, dès la fin du repas, tous les enfants chercheront ce morceau de matsa. Te souviens-tu comment nous l'appelons, Seth ? »

« Nous l'appelons *l'afikomen*, a répondu Seth. L'an dernier, c'est moi qui l'ai trouvé. C'est le moment du Seder que je préfère. »

« Les enfants trouvent l'afikomen et tout le monde en mange un morceau. Ensuite, on chante la bénédiction et alors le Seder est officiellement terminé », a ajouté M. Gellert.

Le soleil s'est couché. La Pâque était commencée. Il était presque l'heure du début du Seder de cette année. Mme Gellert ajoutait les dernières petites touches au repas. Elle a mis des verres de vin et du jus de raisin sur la table. Elle a placé tous les membres de la famille et les invités ; il y avait également une place pour le prophète Élie. Cette tradition repose sur la

❖ ❖ ❖

Afikomen
(a fi ko mène)

➡️ **Quelles sortes d'aliments est-ce que Mme Gellert a mis sur le plat du Seder ? Que représente chacun de ces aliments ?**

Écriture sainte
Ancien Testament

« Si vos enfants vous demandent ce qu'elle signifie, vous leur répondrez : "Il s'agit du sacrifice offert au Seigneur à l'occasion de la Pâque. Lorsque les Israélites étaient en Égypte, le Seigneur a porté la mort chez les Égyptiens, mais il a passé sans s'arrêter devant nos maisons…" »

Exode 12. 26-27

croyance qu'Élie peut venir à n'importe quel moment, peut-être déguisé en étranger.

Quand les Hoffman sont arrivés, tout le monde s'est réuni autour de la table. Mme Gellert avait préparé du poisson, de la soupe aux boulettes de matsa et une dinde rôtie.

Quelqu'un avait posé un exemplaire de la *Haggadah* devant la place de chacun. Ce livre décrit la cérémonie du Seder, raconte l'histoire de la Pâque et on y trouve les paroles de la bénédiction et des prières de cette fête. Il y a plusieurs versions pour que tout le monde suive l'histoire, même les petits enfants.

Les quatre questions

1. Pourquoi mangeons-nous des galettes sans levain ce soir-là quand tous les autres soirs, nous mangeons des pains levés ou des matsas ?

2. Pourquoi mangeons-nous seulement des herbes amères ce soir-là quand tous les autres soirs, nous mangeons toutes sortes de légumes ?

3. Pourquoi trempons-nous nos légumes deux fois ce soir-là quand nous ne les trempons pas tous les autres soirs ?

4. Pourquoi mangeons-nous allongés ce soir-là quand tous les autres soirs nous mangeons allongés ou assis ?

Pendant le Seder, Seth a posé les quatre questions. Au fur et à mesure qu'il posait des questions, les gens qui étaient autour de la table y répondaient à l'aide de la Haggadah. Ainsi, ils ont expliqué toute la Pâque. Puis Seth a regardé son père : « On peut maintenant ? » a-t-il demandé.

« Allez-y ! » a répondu M. Gellert.

Les enfants se sont précipités dans tous les sens à la recherche de l'afikomen.

Une des petites Hoffman l'a trouvé alors Seth a été un peu déçu. Puis il a compris qu'il ne pouvait pas le trouver tous les ans.

À la fin du repas, M. Gellert a entraîné tout le monde à chanter la bénédiction.

Au lit plus tard, Seth n'arrivait pas à s'endormir. Il entendait encore les chansons gaies qu'ils avaient chantées à la fin de la soirée. C'étaient des chansons qui exprimaient des remerciements pour ce que Dieu a fait et les promesses que Dieu leur a faites. Seth se sentait heureux et reconnaissant. ❖

Voici une partie de la bénédiction que les Gellert et leurs invités ont chantée après le repas.

Bénédiction après le repas

Avec la permission de nos amis présents, nous Te remercions pour ce repas que Tu nous as offert.

Béni soit notre Dieu, pour cette abondance que nous avons mangée, et par la grâce de qui nous vivons.

Béni sois-Tu, Seigneur notre Dieu, Dieu de l'univers qui nourris la Terre entière par Ta bonté, avec grâce, amour et compassion.

Tu donnes à manger ; ta générosité est éternelle. Grâce à Ton immense bonté, nous n'avons jamais manqué de nourriture et n'en manquerons sans doute jamais pendant toute l'éternité. En Ton nom, Toi qui nourris et fais vivre tous et toutes par Tes soins, Toi qui prépares à manger pour toute Ta création, béni sois-Tu, Seigneur, qui nous nourris tous et toutes.

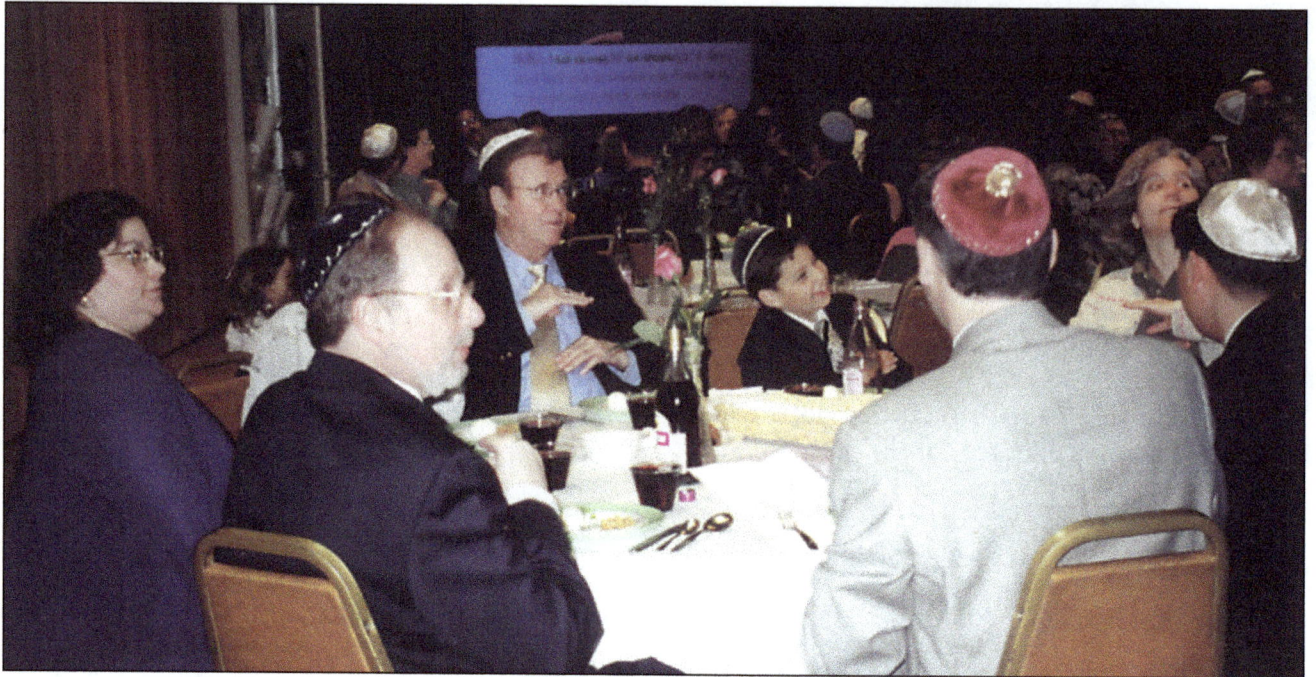

Le repas du Seder

Parlons-en

❑ Qu'est-ce que la famille Gellert a préparé de spécial pour la Pâque ? Pourquoi ont-ils fait autant d'efforts pour ces préparatifs ? Quels préparatifs fais-tu, avec ta famille, pour les occasions spéciales ?

Reflection

❑ As-tu déjà assisté à des célébrations spéciales ? En quoi ces célébrations sont-elles spéciales ? Pourquoi est-il agréable de célébrer avec les autres ?

Le sens de Pâques

En bref Lisa découvre comment les chrétiens célèbrent Pâques.

Lisa et sa famille attendaient Pâques avec impatience. Ils avaient fait un effort pour se préparer pour cette occasion spéciale. Avant le début du carême, ils avaient décidé qu'ils feraient des choses pour mieux comprendre leur foi chrétienne. La famille avait donné plus de nourriture à la banque alimentaire et les enfants avaient donné une partie de leur argent de poche à un projet mené par leur église pour la purification de l'eau en Inde.

Mme Patey a expliqué : « Toutes ces petites choses nous aident à nous souvenir qu'il y a des gens qui doivent se battre pour avoir suffisamment à manger ou pour boire de l'eau potable. »

Ce n'est pas tout ce que la famille Patey avait fait. Lisa a téléphoné à son amie Patricia, qui avait déménagé. Elle a dit à Patricia qu'elle lui manquait. Un autre jour, le père de Lisa a vu un homme au centre d'achats qui avait raconté des mensonges sur lui à ses collègues. M. Patey s'est arrêté pour lui dire bonjour. Il lui a demandé

Écriture sainte
Nouveau Testament

*J*ésus dit alors : « Père, pardonne-leur, ils ne savent pas ce qu'ils font. »

Luc 23. 34

comment il allait et lui a souhaité de Joyeuses Pâques.

Pendant le souper, la famille a parlé de ce qu'ils faisaient et ce qu'ils ressentaient.

« Patricia était très surprise d'avoir de mes nouvelles, a dit Lisa. Je me rends compte maintenant qu'elle croyait que je l'avais oubliée. » Elle s'est tournée vers son père. « Papa, ça n'a pas été difficile d'être sympathique envers quelqu'un qui avait raconté des mensonges sur toi ? »

« Oui, a dit M. Patey. Mais je me sens bien maintenant. Je suis heureux d'avoir eu la chance de montrer que je lui avais pardonné. Jésus nous a enseigné qu'il est important de pardonner aux gens quand ils disent ou font quelque chose qui nous blessent. Quand il mourrait sur la croix, il a demandé à Dieu de pardonner à ceux qui le crucifiaient.

Jésus rompt le pain.

« Tu sais, a dit Mme Patey, on devrait faire ça tout le temps, pas seulement pendant le carême. Je crois que Pâques est un bon moment pour faire la promesse de suivre un nouveau chemin pour sa vie. C'est un moment de nouveaux débuts. »

Lisa n'était pas certaine d'avoir compris ce que son père voulait dire. « Alors, pourquoi est-ce que Pâques est une fête aussi spéciale ? » a-t-elle demandé. M. Patey a souri. Il appréciait les questions de Lisa.

« Beaucoup de choses que nous croyons et faisons en tant que chrétiens ont leur origine dans les événements de la semaine de Pâques, a répondu Mme Patey. Tu en sauras plus pendant nos cérémonies cette fin de semaine. Jeudi, les chrétiens se souviendront de la Cène quand Jésus a partagé le dernier repas avec ses disciples. Il a prédit que l'un d'entre eux le trahirait. »

« Je connais le nom de celui qui a trahi Jésus, a dit Lisa. Il s'appelait Judas et plus tard il a conduit les soldats romains jusqu'à Jésus pour qu'ils l'arrêtent. »

« C'est vrai, a dit Mme Patey. Comme tu peux l'imaginer, les disciples de Jésus étaient très malheureux quand ils l'ont appris. Je dois lire un passage de la Bible à ce sujet à l'église jeudi. Je vous le lis maintenant :

La Cène, 1498, Leonardo da Vinci

Écriture sainte
Nouveau Testament

Les disciples partirent et allèrent à la ville ; ils trouvèrent tout comme Jésus le leur avait dit, et ils préparèrent le repas de la Pâque.

Quand le soir fut venu, Jésus arriva avec les douze disciples. Pendant qu'ils étaient à table et qu'ils mangeaient, Jésus dit : « Je vous le déclare, c'est la vérité : l'un de vous, qui mange avec moi, me trahira. » Les disciples devinrent tout tristes, et ils se mirent à lui demander l'un après l'autre : « Ce n'est pas moi, n'est-ce pas ? » Jésus leur répondit : « C'est l'un d'entre vous, les douze, quelqu'un qui trempe avec moi son pain dans le plat. Certes, le Fils de l'homme va mourir comme les Écritures l'annoncent à son sujet ; mais quel malheur pour celui qui trahit le Fils de l'homme ! Il aurait mieux valu pour cet homme-là ne pas naître ! »

Pendant le repas, Jésus prit du pain et, après avoir remercié Dieu, il le rompit et le donna à ses disciples ; il leur dit : « Prenez ceci, c'est mon corps. » Il prit ensuite une coupe de vin et, après avoir remercié Dieu, il la leur donna, et ils en burent tous. Jésus leur dit : « Ceci est mon sang, le sang qui garantit l'alliance de Dieu et qui est versé pour une multitude de gens. »

Marc 14. 16-24

Marie, la mère de Jésus, et Marie de Magdala pleurent en voyant Jésus sur la croix.

« Dans ce passage Jésus a raconté d'autres choses importantes à ses disciples, a continué Mme Patey. Il a aussi dit que c'était le dernier repas qu'il partagerait avec eux sur Terre. Il leur a dit qu'à l'avenir, ils devraient se souvenir de lui en partageant du pain et du vin et en les bénissant comme ils venaient de le faire. Les chrétiens continuent de le faire aujourd'hui lorsqu'ils reçoivent la communion. »

« Je connais la suite, a dit Lisa. Le Vendredi saint, c'est le jour de la crucifixion de Jésus. Je ne comprends pas pourquoi il a fallu qu'il meure. »

« Nous, les chrétiens, croyons qu'il a donné sa vie pour nous, a répondu sa mère. Nous croyons qu'il est mort pour que nos **péchés** nous soient pardonnés et que nous recevions le **salut**. De cette façon, nous pouvons nous rapprocher de Dieu. Bien sûr, la plupart des chrétiens croient aussi que nous devons demander le pardon de Dieu. »

Lisa était triste en pensant à l'horrible façon dont Jésus a dû mourir. Mais quelques instants plus tard, elle a fait un grand sourire : « Le dimanche de Pâques est une journée tellement belle », s'est-elle exclamée.

« Je suis tout à fait d'accord, a dit son père. Dimanche matin, nous irons tous à l'église. La célébration de Pâques est toujours joyeuse. L'homélie, les chants et les prières contribuent à célébrer la joie de la résurrection de Jésus. »

« J'adore les chants de Pâques, a dit la mère de Lisa. Les mélodies sont belles et en plus, ils expriment nos espoirs en tant que chrétiens. »

« Ce sont des hymnes tellement joyeux, a ajouté M. Patey, surtout quand tout le monde chante Alléluia. »

« Quand j'avais ton âge, je portais toujours une nouvelle tenue le dimanche de Pâques, a dit Mme Patey à Lisa. C'est une façon de dire que Pâques nous offre la chance d'un nouveau début. C'est un moment où nous devenons de nouvelles personnes. »

❖ ❖ ❖

Un péché
Quand on fait quelque chose qui ne respecte pas les enseignements de Dieu, c'est un péché.

Le salut
Le salut, c'est d'être accepté par Dieu.

« C'est comme le printemps, a dit son père. Les rouges-gorges reviennent dans nos jardins et les crocus apparaissent sous la neige. C'est aussi la résurrection de Jésus. En tant que chrétiens, nous croyons que Jésus s'est relevé de sa tombe. Nous croyons aussi que nous pouvons avoir un nouveau début et que Jésus est présent dans nos vies aujourd'hui. Le christianisme nous enseigne que Jésus est mort et est ressuscité, alors ceux qui croient en lui peuvent aussi espérer avoir une vie après la mort. »

« Nous devrions lire l'histoire de Pâques à tour de rôle. Qu'en pensez vous ? » a demandé M. Patey.

Toute la famille s'est assise et a lu l'histoire de la résurrection de Jésus dans la Bible. ❖

Les crocus apparaissent sous la neige au printemps.

Écriture sainte
Nouveau Testament

Quand le jour du sabbat fut passé, Marie de Magdala, Marie mère de Jacques, et Salomé achetèrent des huiles parfumées pour aller embaumer le corps de Jésus. Très tôt le dimanche matin, au lever du soleil, elles se rendirent au tombeau. Elles se disaient l'une à l'autre : « Qui va rouler pour nous la pierre qui ferme l'entrée du tombeau ? » Mais quand elles regardèrent, elles virent que la pierre, qui était très grande, avait déjà été roulée de côté. Elles entrèrent alors dans le tombeau ; elles virent là un jeune homme, assis à droite, qui portait une robe blanche, et elles furent effrayées. Mais il leur dit : « Ne soyez pas effrayées ; vous cherchez Jésus de Nazareth, celui qu'on a cloué sur la croix ; il est revenu de la mort à la vie, il n'est pas ici. Regardez, voici l'endroit où on l'avait déposé. Allez maintenant dire ceci à ses disciples, y compris à Pierre : "Il va vous attendre en Galilée ; c'est là que vous le verrez, comme il vous l'a dit." » Elles sortirent alors et s'enfuirent loin du tombeau, car elles étaient toutes tremblantes de crainte. Et elles ne dirent rien à personne, parce qu'elles avaient peur.

Marc 16. 1-8

À Pâques, on décore les églises avec des fleurs pour célébrer la résurrection du Christ.

Parlons-en

❏ Avec tes camarades de classe, discute des messages de Jésus à ses disciples pendant la Cène. D'après toi, qu'est-ce que les disciples ont ressenti quand Jésus leur a dit que ce serait le dernier repas qu'ils partageraient ensemble ?

❏ Selon la Bible, Jésus a dit à ses disciples que l'un d'eux le trahirait. Qu'est-ce qu'il a voulu dire ? D'après toi, pourquoi les disciples étaient-ils si malheureux quand ils ont appris que l'un d'eux trahirait Jésus ?

Réflexion

❏ À Pâques, les chrétiens ont l'occasion de connaître un nouveau début. Qu'est-ce que ça veut dire ? Pense à des choses que tu peux faire pour connaître un nouveau début dans ta vie.

Retour en arrière

Les histoires de cette partie obligent le lecteur à penser à l'importance des règles, des traditions et des promesses dans nos vies. Lis chacune des phrases ci-dessous et retrouve dans quelle histoire tu l'as déjà lue. De quelle manière chaque citation reflète-t-elle les enseignements du judaïsme, du christianisme ou de l'islam ?

- Elles étaient fières du rôle que leur groupe avait joué en encourageant la classe à formuler les dix règles.

- Il leur a dit qu'à l'avenir, ils devraient se souvenir de lui en partageant du pain et du vin et en les bénissant comme ils venaient de le faire.

- Nous avons vu que les règles de nos religions peuvent nous aider à mieux vivre et à résoudre nos problèmes.

- En tant que famille, nous avons le devoir de nous occuper des personnes âgées.

- Lors de la Pâque, les juifs se souviennent de l'Exode ou du départ d'Égypte de leurs ancêtres.

- Le christianisme nous enseigne que Jésus est mort et est ressuscité, alors ceux qui croient en lui peuvent aussi espérer avoir une vie après la mort.

Des voyages

Quatrième partie

Les cartes postales du Hajj

En bref — L'oncle de Tahira montre son engagement religieux en faisant un pèlerinage.

Ibrahim
(i bra i me)

le Hajj
Le mot Hajj veut dire se mettre en route.

Un pèlerinage
Un pèlerinage est un voyage dans un lieu saint.

En rentrant de l'école, Tahira a vérifié la boîte aux lettres comme elle le faisait régulièrement depuis plusieurs semaines. Elle espérait trouver une autre carte postale de son oncle **Ibrahim**. Elle a pris le courrier. Il y en avait une ! Elle a couru vers la maison en tenant la carte.

« Maman, a-t-elle appelé. Oncle Ibrahim nous a envoyé une autre carte ! »

« Ta mère n'est pas encore rentrée », a répondu la grand-mère de Tahira.

Ibrahim, le frère de la Docteure Khan, faisait le **Hajj**, le **pèlerinage** à La Mecque. Depuis qu'il avait quitté Halifax, il envoyait des cartes à sa famille à St. Anthony pour raconter ses expériences.

Tahira savait que le voyage à La Mecque était un pèlerinage important pour les musulmans et, grâce aux cartes de son oncle, elle apprenait beaucoup de choses sur le Hajj.

Tahira ne voulait pas lire le dernier message avant le retour de sa mère. Elle aimait partager les cartes avec sa mère et sa grand-mère. Elle aimait aussi les relire quand elle était seule. Elle les gardait toutes dans un album photo. Elle a posé la nouvelle carte sur la table de l'entrée et est allée chercher son album. Elle a sorti ses cartes et les a relues en ordre. La première carte disait :

Me voilà en route pour La Mecque. Comme vous le savez, le Hajj est un des cinq piliers de l'islam et tous les musulmans doivent essayer de faire le pèlerinage une fois dans leur vie. C'est pour ça qu'il y a autant de gens ici. Quelqu'un m'a dit qu'il y a environ deux millions de personnes du monde entier. Avant de commencer le pèlerinage, nous nous sommes préparés. Nous avons rangé nos vêtements ordinaires et nous avons mis des tenues blanches. Je me suis enveloppé dans deux draps blancs. Les femmes du pèlerinage portent des robes blanches simples ou leur tenue musulmane blanche traditionnelle. Tout le monde se ressemble et cela est important. C'est pour montrer que, devant Dieu, tout le monde est égal.

Oncle Ibrahim

Les pèlerins musulmans prient dans la grande Mosquée autour de la Ka'ba à La Mecque.

Pendant le Hajj, les pèlerins passent trois jours et trois nuits dans la ville des tentes, Mina.

Ces images du Hajj montrent un peu comment se passe le pèlerinage. Essaie de trouver d'autres photos du Hajj et montre-les à tes camarades de classe. Que remarques-tu dans les photos ?

Tahira thought about her uncle's message before she put the first card back in the album and took out the second card. The second card read:

Shrine
A shrine is a sacred place.

C'était une expérience très forte d'entrer à La Mecque avec autant de gens. Tous ensemble, nous avons fait sept fois le tour de la Ka'ba. C'est **un sanctuaire** fabriqué avec des blocs de pierre et qui a la forme d'un cube de trois étages. La Ka'ba est toute noire. Elle est située au milieu d'une grande place. Chaque fois que j'en faisais le tour, je récitais la prière, « Je suis à ton service mon Dieu. Me voici ! » En faisant le tour de la Ka'ba, nous symbolisons la conviction qu'il n'y a qu'un seul Dieu. Cela nous montre aussi que nous devons toujours placer Dieu au centre de tout ce que nous faisons.

Oncle Ibrahim

Tahira a pris la troisième carte. C'était sa préférée. Elle ne pouvait pas s'empêcher de sourire en la lisant :

Hagar et Ismaël
Ismaël est le fils d'Hagar et d'Abraham. Il est important car le prophète Mahomet est un de ses descendants.

L'autre jour, nous avons rejoué l'histoire de **Hagar** qui cherchait désespérément de l'eau pour son fils **Ismaël**. Pendant cette reconstitution, nous avons couru entre deux collines. Pouvez-vous imaginer tous ces gens qui couraient de cette façon ? Le lendemain, tous les pèlerins sont allés dans une autre ville qui s'appelle Mina, près de La Mecque. Nous avons continué à faire nos prières. Nous avons dormi sous des tentes cette nuit-là.

Oncle Ibrahim

Le Hajj

Arabie saoudite

Légende :
- ⭐ La Ka'ba
- ⭕ Lieu du rassemblement
- ● Montagne

Mer Rouge

La Mecque
① (La Ka'ba)

Mina ⭕
②
⑤
⑦
⑥
⑧

Muzdalifah ●
④

③ ● Arafat

La Ka'ba

Mina

Arafat

Muzdalifah

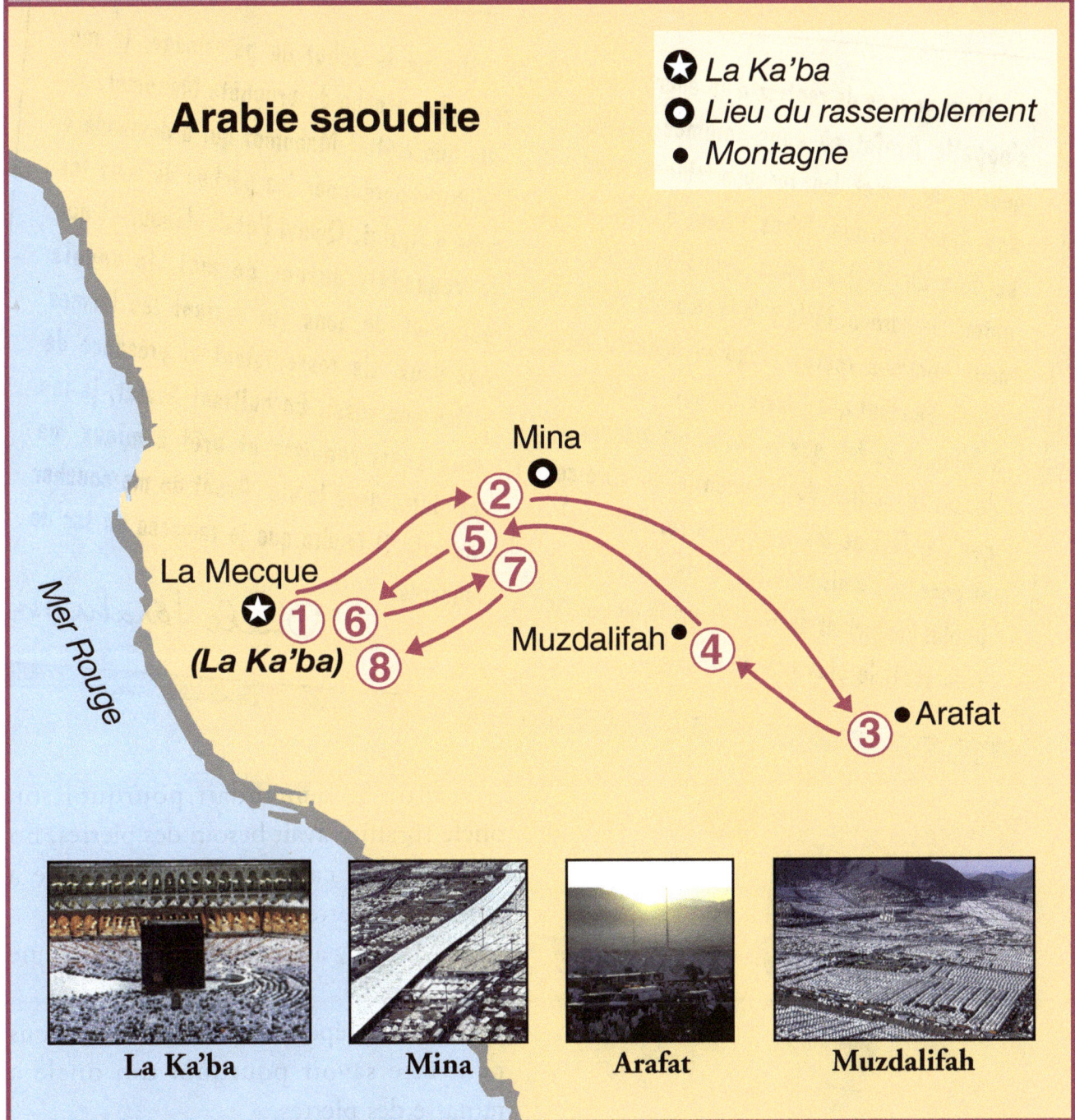

➡️ Le Hajj commence à La Mecque et se termine à La Mecque. Trace le voyage des pèlerins.

Puis Tahira a relu la carte qu'elles avaient reçue la veille :

Nous venons de rentrer d'un endroit qui s'appelle Arafat où nous sommes restés debout par une chaleur insupportable pendant une demi-journée. Nous avons écouté le sermon du Hajj et nous avons prié pour obtenir le pardon. Malgré la chaleur du soleil, nous sommes restés jusqu'au coucher du soleil. Pendant que j'étais debout, j'ai pensé à Allah et au fait que je devrai me présenter devant lui le jour du jugement et lui dire ce que j'ai fait de ma vie sur terre. Pour moi, et pour mes amis pèlerins, c'était le moment le plus important du Hajj. C'est là que je me suis senti le plus proche de Allah.

Depuis le début du pèlerinage, je me sens plus proche du prophète Mahomet. Je sais que c'était Mahomet qui a demandé à Allah de pardonner les péchés de tous les gens à Arafat. Quand j'étais debout et que je regardais autour de moi, je voyais beaucoup de gens qui avaient les larmes aux yeux. Ils ressentaient la présence de Allah eux aussi. En quittant Arafat, je me suis senti renaître et prêt à mieux me conduire dans la vie. Avant de me coucher ce soir, il faudra que je ramasse un tas de pierres.

Oncle Ibrahim

Tahira se demandait pourquoi son oncle Ibrahim avait besoin des pierres. En remettant la carte dans l'album, elle a entendu la porte d'entrée s'ouvrir.

« Maman, a-t-elle appelé. Il y a une autre carte ! »

« Bien, a répondu sa mère. Nous allons peut-être savoir pourquoi ton oncle a ramassé des pierres. »

À Arafat, les pèlerins sont restés debout sous le soleil et ont réfléchi à leur vie et à leur relation avec Allah.

Tahira, sa mère et sa grand-mère se sont assises ensemble sur le divan.

Sa mère a lu la carte :

Je sais que vous devez être curieuses au sujet des pierres dont j'ai parlé dans ma dernière carte. Nous avons ramassé des pierres car nous devions les lancer sur trois piliers en pierre. Nous devions frapper chaque pilier au moins sept fois. Cette histoire remonte à l'époque où Abraham, sa femme et son fils ont été tentés par Satan. Les piliers représentent Satan et, quand nous avons jeté les pierres, nous avons eu l'impression de nous débarrasser du mal dans nos vies.

Après avoir jeté les pierres, les hommes se rasent la tête ou s'attachent les cheveux et les femmes s'attachent les cheveux. Puis, tout le monde prend un bain et remet ses vêtements ordinaires. Finalement, les gens vont à La Mecque et font sept fois le tour de la Ka'ba.

C'était la dernière soirée du pèlerinage, et nous l'avons célébrée avec une fête qui s'appelle l'Eid al Adha. J'imagine que vous l'avez fêtée à St. Anthony comme tous les musulmans partout dans le monde.

J'espère que vous aurez l'occasion de faire ce pèlerinage un jour. C'est la plus merveilleuse expérience spirituelle de ma vie et je remercie Allah de m'avoir permis d'y aller. J'ai hâte de vous revoir. J'espère que vous venez en vacances à Halifax, cet été.

Oncle Ibrahim

« Pensez-vous que nous ferons le pèlerinage à La Mecque, un jour ? » a demandé Tahira.

« Ta grand-mère l'a fait, il y a longtemps, a répondu sa mère. Peut-être que notre famille le fera ensemble quand tu seras plus âgée. » ❖

Les pèlerins musulmans se réunissent à Arafat.

La Mecque

Parlons-en

❑ Le Hajj ou le pèlerinage à La Mecque est un des cinq piliers dont nous avons déjà parlé. Avec les élèves de ta classe, cherchez La Mecque sur la carte du monde. Faites une liste de choses que l'oncle Ibrahim et les autres pèlerins ont faites pendant le Hajj.

❑ Il n'est pas facile de faire un pèlerinage. Quelles sont les difficultés que peuvent rencontrer les pèlerins lorsqu'ils font ce pèlerinage ? Quelles sont les raisons pour lesquelles les musulmans comme l'oncle Ibrahim le font ?

Réflexion

❑ Les gens font beaucoup de sacrifices à cause de leurs croyances. Qu'en penses-tu ? Peux-tu trouver d'autres croyances religieuses, en plus de celle qui est décrite dans cette histoire, qui ont poussé les gens à faire des sacrifices ?

L'amour de la Terre

En bref

Daniel comprend ce que veut dire prendre soin de la Terre.

Chaque année, quand Daniel voyageait avec sa mère et son père pour rendre visite à Tante Lydia à Red Bay, au Labrador, ils prenaient le traversier de St. Barbe à Blanc Sablon pour traverser le détroit de Belle Isle. Certaines années, ils attendaient la fin de l'école, en juin, car la glace empêchait le traversier d'avancer. Mais cette année, la glace avait fondu et ils faisaient le voyage la longue fin de semaine de mai, comme prévu. Daniel attendait ça avec impatience.

Ils ont mis les bagages dans la voiture le vendredi soir et ont quitté St. Anthony le samedi matin, de bonne heure. Ils sont allés à St. Barbe pour prendre le traversier. Pendant la traversée, ils ont vu des icebergs dans les eaux entre l'île de Terre-Neuve et le Labrador. Ils étaient gros et Daniel était

La région du détroit de Belle Isle

Labrador

Point Amour — Red Bay
L'Anse-au-Clair —
Blanc Sablon

Détroit de Belle Isle

St. Anthony

St. Barbe

Québec

Océan Atlantique

Terre-Neuve

vraiment très étonné. Il était encore plus surpris quand son père lui a dit que la partie la plus grosse de l'iceberg était sous l'eau, pas dessus. Au loin, à travers la lumière du soleil, ils apercevaient les bâtiments blancs de l'Anse-au-Clair. Plus loin sur la côte, ils voyaient le grand phare de Point Amour.

« On dirait qu'il n'y a rien par ici, a dit Daniel en passant les jumelles à son père. Je ne vois que quelques maisons. »

« Avant que des gens construisent des maisons, ceux qui naviguaient dans le détroit pensaient que cette côte était déserte et aride. Mais cette terre offre vraiment une grande richesse et une grande beauté et je veux vous la montrer pendant cette fin de semaine. »

« On dirait que le Labrador a une grande place dans le cœur de ton père », a dit Mme Pellerin.

« Oh, tu crois ? » a dit M. Pellerin en souriant.

« Eh bien, je me souviens que tu as dit une fois que Dieu avait béni cette terre en lui donnant une beauté sauvage. Tu avais l'impression, en tant que labradorien, que tu avais le devoir d'en prendre soin », a répondu Mme Pellerin.

M. Pellerin a fait oui de la tête. « C'est vrai », a-t-il ajouté.

« Nous arrivons ! » a dit Daniel.

Ils étaient bientôt dans la voiture, en direction de Red Bay.

« Quand j'ai grandi ici au Labrador, a dit M. Pellerin, je cueillais des petits fruits avec ma mère et on rentrait à la maison avec beaucoup de plaquebières et de graines rouges. »

M. Pellerin n'a rien dit pendant un moment. Daniel pensait qu'il se souvenait sans doute de l'époque où il ramassait des petits fruits dans les tourbières.

Puis son père a dit : « Je vais vous montrer un endroit extraordinaire sur le chemin de chez Tante Lydia. Près du phare de Point Amour, il y a un des cimetières les plus anciens d'Amérique du Nord. »

Ils ont roulé encore un peu, puis ils ont tourné et se sont dirigés vers le phare. Avant d'y arriver, ils se sont arrêtés et sont descendus de la voiture.

« C'est la tombe d'un enfant, de la période Archaïque maritime, a continué M. Pellerin. Elle a plus de 7500 ans. Les autochtones de cette période étaient parmi les premiers habitants dans cette partie du monde. »

Daniel voyait bien, en regardant le visage de ses parents, que ce lieu sacré était important pour eux.

« C'est incroyable de penser que longtemps avant l'époque de Jésus, il y avait des gens qui marchaient sur cette terre et appréciaient la création de Dieu », a fait remarquer Mme Pellerin.

Le père de Daniel se souvient de l'époque où il cueillait des petits fruits avec sa mère au Labrador.

En retournant à la voiture, ils ont vu des cannettes vides. Le père de Daniel s'est arrêté pour les ramasser.

« Aide-moi à ramasser ces cannettes vides », a dit son père.

« Pourquoi devrions-nous les ramasser ? a demandé Daniel. Ce n'est pas nous qui les avons laissées là. »

« Daniel, a dit sa mère. Souviens-toi, Dieu veut que nous soyons responsables et que nous prenions soin de la Terre. Nous devrions toujours ramasser les ordures surtout dans des endroits comme celui-ci. »

« Tu as sans doute raison, a répondu Daniel. Tu sais que Seth le fait toujours. »

« Ça ne m'étonne pas, a dit M. Pellerin. Dans les religions chrétienne et juive, on apprend dans l'Ancien Testament qu'il faut prendre soin de l'environnement. »

De retour dans la voiture, ils ont longé un fleuve à débit rapide. M. Pellerin a dit : « Mon père, qui est ton grand-père, a travaillé dans un camp de pêche sur cette rivière. Il était guide. Une de ses responsabilités était de vérifier que tout le monde obéissait aux lois qui protègent les animaux sauvages et l'environnement. Je me souviens que je suis allé avec lui et nous avons observé les pêcheurs qui venaient des États-Unis pour pêcher le saumon. Quand j'étais plus âgé, nous avons remonté le fleuve pour chasser l'orignal et le caribou. »

Écriture sainte
Ancien Testament

« *V*ous veillerez donc à ne pas rendre impur le pays que vous habiterez et dans lequel je demeurerai moi-même au milieu de vous. »

Nombres 35. 34

Daniel a regardé les collines au loin. Il apercevait la mer de temps en temps. Il voyait que son père était de plus en plus excité.

« Tu sais, la dernière fois que j'ai marché le long de ces falaises, j'ai vu des aigles royaux et des chouettes épervières et au loin, beaucoup d'icebergs. Quand nous atteindrons Red Bay, nous verrons peut-être des baleines », a dit M. Pellerin.

Daniel a souri. Il ne voyait pas son père comme ça très souvent. Il avait l'air tellement heureux de se retrouver dans l'endroit qu'il connaissait si bien depuis qu'il était petit garçon.

« Cet endroit me rappelle des versets de la Bible que j'ai appris par cœur à l'école du dimanche quand j'avais ton âge, a dit M. Pellerin. Ils sont tirés du Psaume 104. Je m'en souviens encore. »

M. Pellerin a récité des versets qu'il avait appris quand il était petit.

« Souviens-toi, tout ce que tu vois fait partie de la création de Dieu, a dit M. Pellerin. Dans la Bible, nous avons lu que lorsque Dieu a regardé sa création, il a vu que c'était bien. Alors, apprécions la gloire de la création de Dieu. » ❖

Écriture sainte
Ancien Testament

*S*eigneur, qu'elle est vaste, ton activité ! Avec quel art tu as tout fait ! La terre est remplie de ce que tu as créé. Voici la mer, immense, à perte de vue. Tant d'êtres s'y meuvent, petits et grands, qu'on ne peut les compter. Des navires la parcourent en tous sens, et aussi le dragon marin, le **Léviatan** ; tu l'as inventé pour jouer avec lui.

Psaumes 104. 24-26

Écriture sainte
Ancien Testament

*D*ieu constata que tout ce qu'il avait fait était une très bonne chose…

Genèse 1. 31

Le Léviatan

Ce mot fait référence à un gros animal ou à un monstre de la mer.

Tombe d'un autochtone de la période Archaïque maritime

Parlons-en

❑ M. Pellerin voit la beauté et la richesse du Labrador comme un exemple de la création de Dieu. Relis les écritures saintes de la page 170. Avec tes camarades, discutez des choses que Dieu a créées et que vous aimez. De quelle manière contribuent-elles à la beauté et à la richesse de la Terre ?

❑ Beaucoup de gens pêchent et chassent au Labrador. Il y a des lois qui limitent la quantité de gibiers et de poissons autorisés. Voilà une bonne façon de prendre soin de la Terre. De quelles manières pouvons-nous protéger notre environnement ?

❑ Qu'est-ce que Daniel a appris de ses parents au sujet de la protection de l'environnement ?

Activité créatrice

❑ Mets en valeur de beaux endroits là où tu vis. Tu pourras par exemple faire des dessins, des affiches ou des brochures qui montrent les montagnes, les parcs, les arbres, l'eau, les animaux sauvages et les points de repère ou tout ce qui est intéressant. Tu afficheras ce que tu as fait dans un endroit bien en vue de ton école ou de ta communauté. À travers cette activité, tu permettras aux gens de prendre conscience de la beauté naturelle de ta communauté, et tu montreras aussi que tu respectes l'environnement.

Joseph et ses frères

En bref — Daniel découvre le pardon et prend la responsabilité de ses décisions.

Tante Lydia était vraiment ravie de voir Daniel et sa famille. Daniel a eu l'impression qu'elle avait fait de la pâtisserie pendant des semaines et des semaines. Il s'est demandé comment ils pourraient manger tout ce qu'elle avait préparé.

L'oncle Fred a soupé avec eux. Quel repas plein de vie ! Le père de Daniel et l'oncle Fred ont commencé à raconter des histoires de leur enfance. Daniel a été surpris par certaines de ces histoires, surtout celle des garçons qui avaient abîmé du poisson qu'un capitaine de pêche, nommé Jacques, avait mis à sécher en plein air.

« Nous avons été vraiment désolés quand nous nous sommes rendu compte de ce que nous avions fait », a dit le père de Daniel.

« Oh ! On a vraiment rattrapé notre bêtise », a dit l'oncle Fred.

« Comment ? » a demandé Daniel.

« Nous avons travaillé pour Monsieur Jacques tous les jours jusqu'à la fin des vacances », a répondu son père.

Daniel était très curieux et a dit : « Qu'avez-vous fait ? »

« Des petits travaux. Tout ce qu'il avait à faire », a répondu l'oncle Fred.

« Comment a-t-il découvert que c'était vous ? » a demandé Daniel.

« Nous lui avons dit, a répondu M. Pellerin. On n'avait pas réfléchi à ce qu'on faisait en abîmant son poisson. Parfois on

Le séchage du poisson

fait des mauvais choix. La meilleure chose à faire alors, c'est de prendre ses responsabilités, puis de se racheter et d'en tirer une leçon. »

« Et espérer que l'on sera pardonné », a dit Mme Pellerin.

« Je crois que Monsieur Jacques nous a pardonné, a dit l'oncle Fred. On a beaucoup travaillé pour lui. Dis Daniel, tu viens avec moi demain pour faire un tour de bateau ? » a-t-il demandé à Daniel en se tournant vers lui.

« Bien sûr », a répondu Daniel.

Ce soir-là, Daniel n'arrivait pas à s'endormir. Il était tout excité à l'idée de la promenade en bateau et espérait que le temps ne les empêcherait pas de partir.

Le lendemain matin, Daniel s'est réveillé et a vu le soleil briller sur le port. Il a jeté un coup d'œil par la fenêtre sur le détroit de Belle Isle. Les eaux étaient calmes et il a aperçu des icebergs.

« Ça va être une journée superbe ! » s'est-il exclamé.

Autour de la table du déjeuner, la famille se préparait pour la méditation du matin.

« Le passage de la Bible que nous allons lire aujourd'hui parle de Joseph et de ses frères, a expliqué M. Pellerin. Ce n'est pas une histoire très gaie. C'est au sujet de la jalousie. Tante Lydia, voulez-vous la lire ? »

Tante Lydia devait faire des efforts pour voir les petites lettres sur le papier mais sa voix était forte. Elle a lu un passage de la Genèse.

Écriture sainte
Ancien Testament

*J*acob aimait Joseph plus que ses autres fils, car il l'avait eu dans sa vieillesse. Il lui avait donné une tunique de luxe. Les frères de Joseph virent que leur père le préférait à eux tous. Ils en vinrent à le détester tellement qu'ils ne pouvaient plus lui parler sans hostilité.

Une fois, Joseph fit un rêve. Il le raconta à ses frères, qui le détestèrent encore davantage. « Écoutez mon rêve, leur avait-il dit : Nous étions tous à la moisson, en train de lier des gerbes de blé. Soudain ma gerbe se dressa et resta debout ; toutes vos gerbes vinrent alors l'entourer et s'incliner devant elle. »

« Est-ce que tu prétendrais devenir notre roi et dominer sur nous ? » lui demandèrent ses frères. Ils le détestèrent davantage, à cause de ses rêves et des récits qu'il en faisait.

Genèse 37. 3-8

Le père de Joseph lui a donné une tunique de luxe.

Tante Lydia s'est arrêtée de lire un instant.

« As-tu compris ce que j'ai lu, Daniel ? » a-t-elle demandé.

« Je crois que oui, a dit Daniel. Jacob avait des fils mais il aimait un de ses fils mieux que les autres. »

« Oui, a dit sa mère. Il adorait Joseph, le plus jeune. Et pour lui montrer son amour, il lui a offert une tunique de luxe. »

« Et les frères de Joseph ont été très jaloux », a continué Daniel.

« Oui, a dit son père, et en plus, Joseph avait des rêves dans lesquels il était responsable de la famille. Quand il a raconté ses rêves à ses frères, ils ont pensé qu'il voulait les dominer et ils l'ont haï encore plus. »

Tante Lydia a continué à lire. L'histoire était très longue mais elle était intéressante alors Daniel n'avait aucune difficulté à écouter. L'histoire racontait la vengeance des frères de Joseph.

Un jour, Jacob a envoyé Joseph dans le champ pour surveiller ses frères qui gardaient le troupeau de chèvres. Joseph a aperçu ses frères au loin. Ses frères l'ont vu. Ils ont commencé à chercher comment se débarrasser de Joseph.

Quand Joseph les a finalement rattrapés, ses frères l'ont pris et l'ont jeté dans un puits sec pour qu'il meure. Un peu plus tard, ils étaient assis et mangeaient lorsqu'ils ont vu une caravane de marchands sur leurs chameaux.

Les frères ont eu une idée. Ils vendraient Joseph comme esclave à ces marchands. Ainsi, ils se débarrasseraient de lui mais sans causer sa mort.

Les marchands ont accepté d'acheter Joseph. Quand les frères ont vu les chameaux se diriger dans le désert en direction de l'Égypte, ils ont déchiré la tunique de Joseph. Puis, ils ont tué une chèvre et ont trempé les morceaux de tissu dans le sang pour faire croire qu'un animal sauvage avait attaqué Joseph.

Quand ils sont rentrés à la maison, les frères ont montré la tunique déchirée et tâchée de sang à leur père. Ils lui ont dit que Joseph avait été tué et dévoré par un animal sauvage. Jacob a été très triste et a pleuré la mort de son fils préféré.

Joseph est vendu comme esclave par ses frères.

➡️ **D'après toi, que ressent Joseph ?**

Tante Lydia a reposé la Bible. « Est-ce que Joseph a passé le reste de sa vie comme esclave ? » a demandé Daniel.

« Non, a répondu Mme Pellerin. Joseph est devenu célèbre et puissant en Égypte. Des années plus tard, quand ses frères ont été obligés d'aller chercher de la nourriture en Égypte, on les a amenés devant Joseph. Et, au lieu d'être fâché avec eux, Joseph leur a pardonné tout le mal qu'ils lui avaient fait. Puis, il leur a donné à manger. »

« Oh ! a dit Daniel. Ça a dû être vraiment difficile de leur pardonner ce qu'ils avaient fait. Je veux dire, je comprends pourquoi ils étaient jaloux de Joseph, mais… »

« Mais ils auraient pu choisir une autre façon d'exprimer leur jalousie et leur colère, plutôt que de vendre leur frère comme esclave », a continué M. Pellerin.

« Mais malgré tout, Joseph a choisi de les pardonner », a dit Mme Pellerin.

« C'est vrai. C'est un choix difficile parfois mais c'est le bon », a ajouté Tante Lydia.

« On peut le comprendre comme ça Daniel, a dit son père. Nous faisons tous des choses que nous ne devrions pas faire. Et parfois, nous faisons des choses qui font mal aux autres. Quand nous nous rendons compte que nous avons fait une erreur, nous voulons être pardonnés, n'est-ce pas ? »

« Bien sûr que oui, a dit Daniel. Comme le jour où j'ai cassé le plat préféré de Nora en jouant à la balle dans la maison. »

« C'est ça, a dit Mme Pellerin. Eh bien je crois que tout le monde a faim maintenant et que Tante Lydia a préparé beaucoup de choses. »

Daniel avait très faim. Il a mangé rapidement car il devait partir chez son oncle avant que le vent se lève. ❖

Joseph vendu par ses frères, 1838, Alexandre-Gabriel Decamps

Red Bay au Labrador

Parlons-en

❏ Le père de Daniel et son oncle Fred ont dit qu'ils avaient accepté la responsabilité d'une erreur qu'ils avaient commise quand ils étaient jeunes. Que veut dire « accepter la responsabilité de ses actions » ? Comment ont-ils accepté cette responsabilité ?

❏ Les frères de Joseph étaient très fâchés contre lui. Pourquoi étaient-ils fâchés ? Comment ont-ils choisi de montrer leur colère ? Auraient-ils pu faire un choix différent ? À ton avis, qu'est-ce que les frères auraient pu faire sans utiliser la violence ?

❏ Qu'est-ce que tu devrais faire quand tu es en colère contre une personne qui t'a blessé ? Utilise l'histoire de Joseph et ses frères pour t'aider a répondre à cette question.

Allons plus loin

❏ Avec tes camarades, faites un jeu de rôle sur la rencontre de Joseph et de ses frères en Égypte. Que disent les frères à Joseph ? Comment répond-il ?

La Bat Mitzvah de Ruth

En bref   Ruth, la sœur de Seth, devient Bat Mitzvah.

Seth et Daniel rentraient de l'école et ils étaient tout près de chez les Gellert quand Seth a dit à Daniel : « Il faut faire moins de bruit. Ruth étudie pour sa Bat Mitzvah. »

« Qu'est-ce que c'est ? » a dit Daniel.

« Elle va participer à une cérémonie du *Shabbat* dans la synagogue de nos grands-parents quand nous irons à Toronto au mois de juin », a répondu Seth.

« Pourquoi doit-elle étudier ? Que doit-elle faire ? »

« Elle doit aller à l'avant de la synagogue et lire un passage des rouleaux de la Tora en hébreu. Puis elle parlera de cette lecture », a expliqué Seth.

« Oh là là, je ne voudrais pas faire ça. Est-ce qu'il y aura beaucoup de gens ? »

« Je crois que la synagogue sera pleine, a dit Seth. Je sais que toute notre famille sera là. »

❖ ❖ ❖

Le Shabbat

Le mot hébreu qui veut dire Sabbat

« C'est vraiment important pour Ruth », a dit Daniel.

« Oui, bien sûr, a confirmé Seth. Elle est inquiète et elle répète souvent. Elle a trouvé un site Internet où il y a un enregistrement de cette lecture qu'elle fait en hébreu. Papa l'aide aussi avec l'hébreu. Quand on lit la Tora dans la synagogue, c'est psalmodié, c'est un peu comme le chant mais c'est quand même un peu différent. »

« Je l'entends », a dit Daniel alors que les garçons passaient devant la chambre de Ruth pour aller dans celle de Seth. « Pourquoi doit-elle faire ça ? »

« Elle veut le faire, a dit Seth. Et en plus, Maman et Papa veulent qu'elle le fasse. Ça fait partie de notre tradition juive. Lorsqu'une fille a douze ans, elle devient Bat Mitzvah ; elle est adulte. Les garçons le

La synagogue Kiever, à Toronto

font aussi, à treize ans, et ça porte un nom différent. Ça s'appelle Bar Mitzvah. »

« Le feras-tu ? » a demandé Daniel en regardant Seth d'un air sérieux.

« Oui, quand j'aurai treize ans », a répondu Seth.

« Que veut dire le mot Bat Mitzvah ? » a demandé Daniel.

« Ce sont deux mots. Ils veulent dire "fille du commandement". »

« Bon, a dit Daniel. Si Bat Mitzvah veut dire fille du commandement, alors Bar Mitzvah veut dire "fils du commandement". »

« Tu as tout compris, a dit Seth en souriant. Mais, Papa nous a dit qu'en réalité cela veut dire qu'en tant que Bat Mitzvah ou Bar Mitzvah, on devient responsable et on doit respecter les commandements. Après la cérémonie, la famille fait une fête pour toi et les gens te donnent des cadeaux. Notre famille viendra de partout dans le pays. Ruth fera aussi une fête après notre retour. Je manquerai quelques jours d'école. M. Poirier dit que je dois faire une présentation au sujet de mon voyage lorsque je rentrerai. »

Pendant la semaine de l'anniversaire de Ruth, au mois de juin, la famille Gellert est allée à Toronto. Ils ont logé chez les grands-parents de Ruth et ont rendu visite aux autres membres de la famille. Le vendredi soir, ils ont partagé le repas du Shabbat et le lendemain, le samedi, ils sont allés à la synagogue.

Ruth s'est assise à l'avant de la synagogue avec ses parents. Une de ses cousines l'a aidée à apporter la Tora qui était dans **l'arche**. Quand c'était le moment pendant la cérémonie du Shabbat, Ruth s'est levée et s'est avancée vers l'endroit où était posée la Tora. Elle a chanté la bénédiction en hébreu. Le **rabbin** était à côté d'elle ; elle a commencé sa lecture.

Elle a lu une partie de la lecture de la Tora de cette semaine-là. Cette partie s'appelle le Behar. Elle est tirée du livre de Lévitique 25. 1 à 26. 2. Le début ressemblait à ça en hébreu : *Vayedaber Adonay el-Moshe behar Sinay lemor.* En français, ces mots veulent dire : « Sur le Mont Sinaï, le Seigneur dit à Moïse de communiquer aux Israélites les prescriptions suivantes... »

Dans les synagogues orthodoxes, on lit toujours la Tora en hébreu. Voici ce à quoi ressemble une des phrases que lit Ruth :

וַיְדַבֵּר יְהוָה אֶל מֹשֶׁה בְּהַר סִינַי לֵאמֹר:

L'arche

L'arche est le nom que l'on donne au meuble qui se trouve à l'avant de la synagogue où on range les rouleaux de la Tora. Ils sont généralement cachés dans l'arche par une porte ou un rideau.

Un rabbin

Un rabbin est un professeur ou chef spirituel juif.

Ruth a lu la dernière section du Behar. À la fin de la lecture, Ruth a levé les yeux et a souri. Elle a chanté une autre bénédiction et elle est retournée s'asseoir avec ses parents. Seth et un de ses cousins se sont avancés et ils ont couvert la Tora et l'ont mise de côté.

Puis, Ruth a lu la **Haftarah**. C'est une lecture du prophète Jérémie. Finalement, elle a expliqué comment elle comprenait ce passage de la Tora.

Voici la traduction de la bénédiction que Ruth a prononcée après la lecture :

Béni soit Dieu
notre père
le Dieu de l'univers
Toi qui nous as bénis
avec tes commandements
et nous as ordonnés
d'étudier la Tora.

La Haftarah

La Haftarah est constituée de certaines écritures des prophètes. Chaque semaine, on en lit quelques-unes en plus du passage de la Tora.

Shalom

Le mot hébreu qui veut dire paix

« Shabbat **shalom**. Bienvenue et merci d'assister à ma Bat Mitzvah. Aujourd'hui, j'ai atteint une étape importante de ma vie. Aujourd'hui, je suis une femme. Au regard de Dieu, je suis une adulte. Je suis maintenant responsable de mes actions et je dois observer les commandements.

« Le passage de la Tora que nous avons lu aujourd'hui nous dit que Dieu est présent à tous les stades de la vie. Dieu est présent dans nos vies mais il l'est aussi dans les cycles de vie de la Terre. Pensez aux changements que nous observons autour de nous lorsque nous passons de l'hiver au printemps. Dieu est présent dans ces stades de la vie de la Terre. La Tora nous rappelle que nous devrions respecter la Terre. Elle nous dit que l'on devrait donner l'occasion à la Terre de se reposer. Dieu nous demande de nous reposer aussi le jour du Shabbat. Nous ne devrions pas exploiter la Terre. Si nous prenons soin de la Terre comme Dieu nous le demande, elle continuera à nous fournir de bonnes choses. Selon Dieu, avoir le souci de la Terre est aussi important qu'avoir le souci des gens. Nous nous occupons de la nature et encourageons les gens à ne plus la détruire. Nous devrions aussi nous occuper les uns des autres. Dieu nous a donné des cadeaux : la beauté de la Terre et la joie de nos relations avec les autres êtres humains. Nous devrions louer Dieu pour ça. »

Avant de s'asseoir, Ruth a dit : « J'aimerais remercier toute ma famille et mes amis d'assister à cette cérémonie aujourd'hui, surtout mon *Zeydeh* et ma Bubbie. J'aimerais remercier mon père et ma mère de m'avoir encouragée et de m'avoir aidée à me préparer pour ma Bat Mitzvah. Je voudrais aussi remercier mon frère, Seth, de ne pas m'avoir embêtée lorsque je me préparais. Et surtout, je remercie Dieu de m'avoir amenée ici aujourd'hui. »

Ruth avait terminé. C'était maintenant au tour de ses parents de parler. Ils ont dit tous les deux qu'ils étaient très fiers de leur fille. Le rabbin a ajouté qu'il était très fier lui aussi de ce que Ruth avait fait. Il savait que ce n'était pas facile pour une jeune juive, qui vit dans une petite ville de Terre-Neuve-et-Labrador, de se préparer pour sa Bat Mitzvah sans synagogue.

À la réception qui a eu lieu après la cérémonie, tout le monde a aimé la nourriture et les chants. Ruth et Seth se sont amusés avec leurs cousins de Toronto et tous les membres de la famille qui sont venus pour cette grande occasion.

Une fois rentrée chez ses grands-parents, Ruth a ouvert ses cadeaux de Bat Mitzvah. Elle a pensé à tous ses amis qui étaient restés à St. Anthony ; elle aurait aimé qu'ils célèbrent cette fête avec elle. ❖

Zeydeh
(zè da)

Zeydeh veut dire grand-père en yiddish.

Une jeune juive prépare sa Bat Mitzvah.

Parlons-en

❑ Lorsque Seth parle à Daniel de la Bat Mitzvah de sa sœur, nous comprenons qu'il est très fier d'elle. Pense à une occasion où un membre de ta famille a été fier de toi. Comment cette personne a-t-elle montré sa fierté ?

❑ Lorsqu'elle parle, Ruth explique qu'elle pense que nous avons la responsabilité de prendre soin de ce que Dieu nous a donné. Comment pouvons-nous le faire ? De quelles façons pouvons-nous prendre soin des autres et comment pouvons-nous prendre soin de la Terre ?

❑ Qu'est-ce que ça représente pour Ruth de devenir Bat Mitzvah ?

Allons plus loin

❑ La Bat Mitzvah a marqué le début de la vie d'adulte de Ruth dans la religion juive. Une jeune juive devient adulte à douze ans et un jour. Un jeune juif devient adulte à treize ans et un jour. Que veut dire devenir adulte dans la religion juive ? Ta réponse pourra exiger des recherches.

Ce n'est pas juste

En bref   Dorothée comprend mieux ce qui est juste.

Un vendredi après-midi de la fin juin, Dorothée et sa mère étaient assises au soleil sur les marches de l'entrée. Tina, la sœur aînée de Dorothée, est arrivée de l'abri de jardin sur une bicyclette rouge toute neuve. Elle avait l'air très fière et très heureuse. Pourquoi ne l'aurait-elle pas été ? C'était la fin de l'école et elle était propriétaire d'une superbe bicyclette.

« Maman, je vais au phare en bicyclette avec mes amis, a prévenu Tina. Viens-tu Dorothée ? »

« Et j'y vais comment ? Je prends quel vélo ? » a répondu Dorothée en regardant sa mère.

« Il y a l'ancienne bicyclette de Tina. Elle est parfaite pour toi », a répondu sa mère.

« Et pourquoi je n'ai pas de bicyclette neuve moi aussi ? Tina a toujours des choses neuves. Je n'ai jamais rien de neuf, a dit Dorothée. Ce n'est pas juste ! »

« Ce n'est pas vrai, a dit Tina. Tu as eu une paire de sandales neuves la semaine dernière. »

« Qu'est-ce que c'est qu'une paire de sandales neuves comparée à un vélo neuf ? » Dorothée criait. Elle pleurait presque.

« Calme-toi Dorothée. Si tu ne veux pas utiliser la bicyclette de Tina, tu peux rester ici.

➡️ **Que ressentent les personnages de la photo ? Décris-le en un paragraphe.**

185

« Sois prudente, Tina. Parfois, il y a beaucoup de circulation là-bas », a dit leur mère en rentrant à la maison.

Les larmes coulaient le long des joues de Dorothée. Elle ne voulait pas pleurer mais ce n'était pas facile de se calmer. Elle n'arrêtait pas de penser que sa vie était injuste. Tina avait toujours des choses neuves et en plus, c'était toujours elle qui faisait les choses en premier.

J'ai toujours des affaires de seconde main, a pensé Dorothée. Elle n'arrêtait pas de penser à ses malheurs. « Ce n'est pas juste », a-t-elle dit. Elle a décidé sur-le-champ qu'il fallait faire quelque chose. Mais que pouvait-elle faire ? Elle a pensé à des tas de choses. Et puis, tout à coup, elle a trouvé. Elle allait écrire une lettre à ses parents et leur dire à quel point ils étaient injustes avec elle et elle leur donnerait beaucoup d'exemples.

Elle a couru vers la maison, a pris un papier et un crayon. Elle s'est assise sur la table de pique-nique dans le jardin pour écrire sa lettre. Cette lettre était facile à écrire et quinze minutes plus tard, elle était terminée. Mais, où la poser pour qu'ils la trouvent ? Elle savait que son père ne rentrerait pas du travail avant le souper. Elle a décidé de la mettre sur la commode dans la chambre de ses parents. Ses parents la trouveraient lorsqu'ils se coucheraient.

Elle sortait de la chambre de ses parents lorsqu'elle a entendu sa mère l'appeler : « Dorothée, Suzanne est ici. Elle veut aller au parc avec toi. »

Dorothée est descendue très vite. Elle a passé un très bon après-midi avec Suzanne. Elles ont essayé le nouvel équipement du terrain de jeux et elles ont fait beaucoup de projets pour les vacances d'été.

Le souper a été bruyant comme d'habitude. Dans leur famille, on aurait dit que tout le monde parlait en même temps et que personne n'écoutait. Mais ce soir-là, Dorothée avait l'impression que son père n'était pas comme d'habitude. Il souriait et essayait d'attirer son attention.

Finalement, il a sorti une brochure bleue de sa poche. Avant de parler, il lui a donné la brochure.

« Dorothée, a-t-il dit. Te souviens-tu du camp de gymnastique à Corner Brook ? Celui auquel ton entraîneur voulait que tu participes ? Eh bien, je t'ai inscrite aujourd'hui et j'ai envoyé l'argent. »

Dorothée était sans voix. Elle regardait ses parents l'un après l'autre. C'est tout ce qu'elle pouvait faire. Son père a continué :

« Ta mère et moi sommes très fiers de ce que tu as fait en gymnastique cette année. Tu as du talent et tu es **engagée**. Le camp coûte cher mais nous croyons que tu mérites cette chance. Tu vas aller à Corner Brook, Dorothée. Qu'en dis-tu ? »

❖ ❖ ❖

Engagé

Quand une personne est très motivée ou dévouée pour un projet, on dit qu'elle est engagée.

« Oh, Maman, Papa… » Dorothée a commencé mais elle ne pouvait pas trouver ses mots. Soudain, elle s'est souvenue de la lettre sur la commode en haut. Elle s'est mise à pleurer. Puis elle est montée et a pris la lettre. Assise sur son lit, la porte fermée, elle l'a déchirée en petits morceaux et l'a mise à la poubelle.

Un peu plus tard, elle a entendu quelqu'un frapper doucement à la porte et sa mère est entrée.

« Tout va bien ? a-t-elle demandé. On ne s'attendait pas à cette réaction de ta part. »

« Je sais, Maman, a dit Dorothée. Ne crois pas que je ne suis pas reconnaissante. C'est que… »

« Je crois comprendre, a dit sa mère. Quand Tina a eu sa nouvelle bicyclette, tu nous a trouvés très injustes, n'est-ce-pas ? »

« Eh bien, oui, a dit Dorothée lentement. Je suppose qu'il y a différentes manières d'être juste. »

« C'est vrai. Il est difficile d'être parent. Ce n'est pas facile de savoir comment être toujours juste envers vous deux. Nous ne pouvons pas vous donner tout ce que vous voulez. Parfois, nous devons réfléchir à ce qui est le mieux pour vous quand nous faisons des choix. »

« Je n'avais pas compris, a dit Dorothée. Je suis désolée. »

« Ne t'inquiète pas, a répondu sa mère. En tant que chrétiens, nous croyons que la Bible nous dit comment Dieu veut que nous vivions. Il y a un proverbe de la Bible que j'ai appris quand j'étais petite. Le voici :

Écriture sainte
Ancien Testament

Choisis donc la conduite des bons, imite le comportement des justes.

Proverbes 2. 20

« Ce verset nous dit que Dieu veut que nous soyons justes et bons. Parfois, c'est difficile à faire. Quelquefois nous ne comprenons pas la justice de Dieu comme tu n'as pas compris notre façon d'être juste avec toi. J'imagine que c'est là où il faut avoir la foi et croire en Dieu. »

« J'aurais dû vous faire confiance », a dit Dorothée. Elle a souri à sa mère.

« Penses-y la prochaine fois, a dit sa mère. Pour l'instant, il y a quelqu'un en bas qui aimerait voir ce sourire. » ❖

Parlons-en

❏ Le titre de cette histoire, « Ce n'est pas juste » reflète ce que Dorothée ressent. Avec tes camarades de classe, parlez de la situation de Dorothée dans sa famille. Est-ce qu'elle a été traitée injustement ? Que veut dire « être juste » ? Est-ce que les parents devraient toujours donner exactement la même chose à tous leurs enfants ?

❏ D'après toi, qu'est-ce que Dorothée a ressenti après avoir écrit la lettre ?

❏ La mère de Dorothée dit qu'il est parfois difficile d'être juste. Avec tes camarades, parlez de situations où il est difficile d'être juste.

Réflexion

❏ L'écriture sainte de la page 189 dit : « Choisis donc la conduite des bons ». Qu'est-ce que cela veut dire, à ton avis ?

❏ Dorothée a décidé de dire à ses parents ce qu'elle ressentait en leur envoyant une lettre. Est-ce que c'était une bonne façon d'exprimer ses sentiments ? Qu'en penses-tu ?

Voyage vers l'été

En bref

Les élèves de la classe de M. Poirier discutent des façons de prendre soin de la création de Dieu pendant les vacances d'été.

Le lendemain serait la dernière journée d'école. La classe de M. Poirier avait été agitée et bruyante pendant toute la semaine mais cet après-midi, les élèves avaient l'air presque calmes. Leur enseignant souriait, debout devant eux. Ils le regardaient et attendaient qu'il dise quelque chose.

« C'est presque terminé, vous et moi, a commencé M. Poirier. En vous regardant tous, je vois combien vous avez grandi pendant cette année. Vous avez évolué aussi. C'est notre dernière classe d'enseignement religieux, alors j'aimerais que vous pensiez aux voyages que nous avons faits cette année.

« Vous souvenez-vous des premiers jours d'école à l'automne ? » a demandé M. Poirier.

« Oui, a dit Tahira, j'avais très peur. Je ne connaissais personne. Je ne savais pas si j'aurais des amis. »

« Ça a changé », a dit Lisa avec un grand sourire.

« Je me souviens que j'ai pensé la même chose, a dit Seth. Quand nous avons quitté Toronto et que nous sommes arrivés ici, je ne voulais pas y habiter. Maintenant j'ai des amis et j'aime beaucoup vivre ici. »

« Certains d'entre vous ont fait un long chemin pour venir vivre ici et il y en a d'autres qui nous ont quittés pour aller habiter ailleurs, a continué M. Poirier. Mais nous avons tous fait un autre voyage ensemble cette année, un voyage spirituel. Ces deux sortes de voyages nous changent et nous obligent à évoluer et à voir notre monde avec plus de clarté. Pensez à des choses que vous avez apprises et qui vous ont aidées. »

« Eh bien ! a dit Daniel, j'ai découvert différentes religions : le christianisme, l'islam et le judaïsme. Cela m'a permis de comprendre un peu mieux le monde. »

« Alors, qu'est-ce que c'est la religion finalement ? » a demandé M. Poirier.

« La religion nous aide à donner un sens aux choses », a dit Daniel.

« Je crois que la religion nous aide à comprendre ce qu'est la vie », a dit Lisa.

« Et elle guide notre façon d'agir, a ajouté Tahira. Le monde n'a pas beaucoup de sens si nous sommes toujours fâchés et que nous nous battons tout le temps. »

« Vous voulez dire que les religions guident les gens pour vivre en paix et prendre soin les uns des autres ? » a demandé M. Poirier.

« Oui », a répondu Tahira.

« C'est vrai, a dit Dorothée. Le monde a un sens quand on se respecte, que l'on prend soin les uns des autres et que l'on est juste les uns avec les autres. »

« Pour ma famille, c'est de croire en Dieu, a ajouté Daniel. Et de croire que nous pouvons mieux connaître Dieu en suivant Jésus. »

« Oui. Et la religion donne aux gens l'occasion de célébrer les moments importants de leurs vies », a dit Lisa.

« Voilà de bonnes idées, a dit M. Poirier. Maintenant, dites-moi, qu'avons-nous fait pendant les classes d'enseignement religieux qui vous permet de mieux vivre ? »

« Nos dix règles nous ont aidés, a dit Seth. Et les règles sont inspirées de différentes religions. »

« Tu as raison, Seth ! a dit M. Poirier. J'ai même entendu d'autres élèves et des enseignants parler de nos dix règles. Mais il ne faut pas que ça s'arrête là parce que l'école est finie. Que pouvons-nous faire cet été pour montrer que nous avons appris quelque chose en enseignement religieux cette année ? »

La classe était silencieuse.

M. Poirier a ri. « Vous donnez votre langue au chat ? ...Et si je vous disais ce que j'aimerais faire. La cour de notre école a besoin de soin et d'attention. Je crois qu'elle pourrait être beaucoup plus jolie ; certains parents et enseignants vont donner de leur temps cet été pour y travailler. Mais nous avons besoin d'idées... et de volontaires. Qu'est-ce qu'on pourrait faire ? »

Tout à coup, beaucoup de mains se sont levées et les élèves avaient des suggestions. Certains ont proposé de planter des arbres et de l'herbe. Un élève a eu l'idée de construire des bancs et d'accrocher des mangeoires pour les oiseaux. On dirait que tout le monde avait une idée.

« La cloche va sonner. Je vais faire passer une feuille que vous pouvez signer. Puis je vais essayer de trouver un moment où nous pourrons tous nous retrouver et faire des projets. Nous pouvons commencer la semaine prochaine. Merci à vous tous d'être aussi enthousiastes et prêts à aider. Je suis certain que tous les parents seront contents. Vous êtes un groupe formidable, a dit M. Poirier pour finir. Je pense que s'occuper ainsi de la Terre, c'est vraiment mettre en pratique ce que vous avez appris en enseignement religieux et dans vos autres classes. » ❖

Le judaïsme, le christianisme, l'islam et beaucoup d'autres religions aussi enseignent que Dieu a créé le monde. Comment ces jeunes prennent-ils soin de la création de Dieu ?

Parlons-en

❑ Raconte certaines choses que tu veux accomplir cet été. Cite des choses que tu peux faire pour continuer à vivre les merveilles de la création. Y a-t-il quelque chose que vous pouvez faire tous ensemble, pour améliorer la cour de récréation de votre école ?

❑ D'après toi que veut dire le mot religion ?

Réflexion

❑ Au début de l'année scolaire, les parents de Daniel lui ont dit qu'il était sur le point de commencer un nouveau voyage et qu'il grandirait sur le plan spirituel pendant ce voyage. Pense aux changements que tu vois en toi-même à la fin de ton voyage tout au long de l'année scolaire. En quoi es-tu une personne différente de celle que tu étais en septembre ? Maintenant, pense à l'été. Quels voyages t'attendent ?

Retour en arrière

Beaucoup d'histoires dans cette partie parlent de différentes sortes de voyage. Quels sont les voyages que font les personnages ?

- Où l'oncle Ibrahim voyage-t-il ? Pourquoi fait-il ce voyage ?

- Pourquoi est-ce que Ruth étudie la Tora ? Où ira-t-elle pour lire les rouleaux de la Tora ?

- Pourquoi Daniel et sa famille font-ils le voyage à Red Bay, au Labrador ? Pourquoi est-ce que Tante Lydia sera heureuse de les voir arriver ?

- Où Joseph voyage-t-il ? Explique pourquoi ce n'était pas un voyage agréable pour lui.

- Où va Dorothée ? Quelle sorte de voyage va-t-elle faire ?

- Cette partie s'appelle « Des voyages ». Pense aux classes d'enseigement religieux de cette année. Pourquoi peut-on dire que c'est comme un voyage qui t'emmène d'un endroit à un autre ? Qu'as-tu appris au sujet du christianisme, du judaïsme et de l'islam ? Qu'aimerais-tu apprendre en plus ?

Remerciements (illustrations)

Nous avons fait tout notre possible pour identifier et remercier les propriétaires du matériel réimprimé dans ce manuel. Afin de corriger toute erreur ou omission dans une prochaine édition, nous vous serions reconnaissants de bien vouloir nous les signaler.

Page 9   Ministère du Tourisme et de la Culture

Page 9   Pêches et Océans Canada / la Garde côtière canadienne

Page 11   Keble College, Oxford, GB / Bridgeman Art Gallery

Page 12   Nadine Wells, St. Anthony, T-N-et-L

Page 14   Rhoda Dawson

Page 15   Clyde Rose

Page 19   Musée Kröller-Müller, Otterlo, Pays-Bas

Page 20   Creatas

Page 22   Bruce Boulineau

Page 23   Bruce Boulineau

Page 24   Louvre, Paris, France / Bridgeman Art Gallery

Page 25   Scala / Art Resource, NY

Page 26   Musée de San Marco dell' Angelico, Florence, Italie / Bridgeman Art Gallery

Page 29   Nadine Osmond

Page 31   Nadine Osmond

Page 36   Soichi Watanabe

Page 37   Clyde Rose

Page 41   Brian M. Leach de la congrégation Or VeShalom, Atlanta Georgia, USA

Page 41   Paula E. Kirman

Page 41   Congrégation Beth Shalom, Kansas City, MO

Page 42   Église méthodiste unie de Ann Arbor

Page 45   Clyde Rose

Page 47   Bill Adler

Page 51   Pasteur Pat Cummings, Église baptiste Patton, Patton Texas / Photo de Katie Harwood Garvin, Crawfordtx.com

Page 51   Inconnu

Page 53   Décharge de responsabilité

Page 54   Islamic Voice

Page 55   Reuters

www.ingramcontent.com/pod-product-compliance
Lightning Source LLC
Chambersburg PA
CBHW050351110426
42812CB00008B/2432